Moritz Freiherr Knigge/Claudia Cornelsen

Zeichen der Macht

Moritz Freiherr Knigge
Claudia Cornelsen
mit Michael Schellberg

Zeichen der Macht

*Die geheime Sprache
der Statussymbole*

Econ

Econ ist ein Verlag
der Ullstein Buchverlage GmbH

ISBN-13: 978-3-430-11848-4
ISBN-10: 3-430-11848-4

© Ullstein Buchverlage GmbH, Berlin 2006
Alle Rechte vorbehalten.
Gesetzt aus der Sabon bei LVD GmbH, Berlin
Druck und Bindung: Clausen & Bosse, Leck
Printed in Germany

Inhaltsverzeichnis

Das Status-Quartett – eine Art Einleitung

»Statussymbole? Das habe ich doch gar nicht nötig!« – Statussymbole sind etwas für Loser, für Möchtegerns und »Mehr Schein als Sein«-Typen! Wer es nötig hat, sich mit diesem oder jenem Gegenstand zu schmücken, um zu zeigen, was er ist und was er kann – der ist nichts und kann nichts!

Das ist die Standardreaktion: Versuchen Sie nicht, ein Buch über Statussymbole zu schreiben! Es wird Ihnen dazu niemand irgendetwas sagen. Statussymbole haben nämlich immer nur die anderen. Die Doofen. Die Dummen. Diejenigen, die sowieso niemand ernst nimmt. Das ist so und nicht anders.

Oder doch? Ein Psychologe jedenfalls würde angesichts einer Person, die derart energisch und ablehnend reagiert, fragen, ob sich dahinter nicht in Wahrheit eine Faszination für dieses Thema verbirgt. Eine unerlaubte Faszination, die nicht zugegeben wird. Unerlaubt? Sind Statussymbole denn verboten?

Nun, das könnte man fast meinen. Jedenfalls scheint es in mancher Situation besser, ein vermeintliches Statussymbol mit großem Aufwand zu verbergen oder gar zu beseitigen, als es gut sichtbar und selbstbewusst an Ort und Stelle zu belassen. Jedenfalls ist genau das der Kern einer wahren Geschichte, die dem Vorstandsvorsitzenden der Siemens AG widerfahren ist.

Es ging um eine Rolex. Nicht irgendeine Rolex, sondern das Modell »Submariner Date«. Listenpreis 3270 Euro. Die Uhr, die Klaus Kleinfeld trägt oder jedenfalls eine Zeit lang getragen hat. Als Vorstandsvorsitzender der Siemens AG gehört Klaus Kleinfeld eigentlich zu jenen, die genug Geld verdienen, um sich eine solche Uhr leisten zu können. Trotzdem wurde die Uhr zum Skandal. Oder besser: Nicht die Tatsache, dass Kleinfeld eine solche Uhr trug, sondern dass er sie plötzlich *nicht mehr* trug, wurde zum Skandal. Was war geschehen?

Im Januar 2005 verschickte die Siemens-Presseabteilung ein offizielles Foto des neuen Vorstandsvorsitzenden und Nachfolgers von Heinrich von Pierer an alle Zeitungen in Deutschland. Nichts Ungewöhnliches eigentlich. Doch in der Fotoredaktion des *Hamburger Abendblatts* stutzte man beim Anblick des Fotos: Das Bild kennen wir doch? Genau das haben wir doch schon in unserem Fotoarchiv? Warum schickt man uns das noch einmal?

Das alte Kleinfeld-Porträt wurde rausgekramt und neben das neue gelegt. Tatsächlich: das gleiche Foto! Doch bei genauerer Betrachtung fiel ein winziger Unterschied auf. Genau: Auf dem alten Foto trug Kleinfeld eine Uhr, auf dem neuen war die Rolex wegretuschiert. Und prompt erfreute das *Hamburger Abendblatt* seine Leser am nächsten Tag mit einem lustigen Bilderrätsel, indem es die fast identischen Bilder nebeneinander stellte.

Das Medienecho war gewaltig. Unter dem Motto »Kleinfeld und die verschwundene Uhr« wurde die Selbstdarstellung des Konzernlenkers gebrandmarkt. »Herr Kleinfeld, welchem Bild glauben Sie entsprechen zu müssen?«, fragte Chefredakteur Giovanni die Lorenzo in der Wochenzeitung *Zeit*. Er fragte nicht: »Herr Kleinfeld, was glauben sie, wer Sie sind?« Er fragte auch nicht: »Herr Kleinfeld, was maßen Sie sich eigentlich an?« oder »Herr Kleinfeld, schämen Sie sich denn gar nicht?«.

Es geht längst nicht mehr um Status im herkömmlichen Sinne. Der Begriff Status, lateinisch für »Stand«, bezeichnete wirklich einmal den Stand bzw. die Klassenzugehörigkeit der Menschen. Es ging um Sitte und Anstand, um Ober-, Unter- oder Mittelschicht, um die Frage nach Abstammung und Zugehörigkeit, Adel oder Bourgeoisie. Obwohl auch heute die Gesellschaft aus verschiedenen Schichten vom Underdog bis zum Multimillionär besteht, haben sich die Kriterien für die Hierarchien geändert. Der Adel spielt kaum eine Rolle mehr und wir leben ganz selbstverständlich in einer demokratischen Gesellschaft mit relativ durchlässigen Klassengrenzen. In unserer schönen neuen Welt kann ein Tellerwäscher sogar Millionär werden, wenn er viel Fleiß, Köpfchen und vor allem Glück hat – zumindest den amerikanischen Mythen zufolge. Wohl jeder kennt jemanden, der es vom Arbeiter mit Hauptschulabschluss über Abendschule und Studium bis zum Ingenieur oder Lehrer gebracht hat.

Vordergründig sind Abstammung und Schichtzugehörigkeit relativ flexible Größen und den Mitmenschen nicht immer an der Nasenspitze abzulesen. Doch im Hintergrund wirkt, quasi im Verborgenen, eine Fülle an Symbolen, die kennzeichnen, wo jemand gesellschaftlich einzuordnen ist – ob er oben steht oder unten, ob er der »Winner« ist oder ein »Loser«, ob er Macht hat oder nicht.

Diese geheimen Zeichen sind nirgends nachzulesen. Es gibt keine Lexika, keine Tabellen, keine Ranglisten, in denen stünde, welche Insignien jemand in einer bestimmten Position tragen sollte. Aber es gibt eine Konvention der Zeichen – einen erlernbaren Code der Insider, den zu kennen an sich schon ein Statussymbol ist, den zu leugnen ein weiteres Statussymbol sein kann und den zu beherrschen die höchste Kunst ist.

Nennen wir es Bild, nennen wir es Image, nennen wir es gesellschaftliche Position oder Stellung – unser Status steht jeden Tag auf dem Prüfstand, ob wir wollen oder nicht. Machen wir uns nichts vor: So sehr offensichtliche Statussymbole wie Zepter und Reichsapfel scheinbar ausgedient haben, so sehr zeigt uns der »Fall Kleinfeld«, dass die angeblich bloßen Äußerlichkeiten auch in unserer Gesellschaft mehr als eine Funktion haben: Eine Uhr zeigt nicht nur die Zeit an, sie zeigt auch den Grad der Macht und des Reichtums.

Mehr noch als bei Uhren wissen wir um die image- oder statusbildende Bedeutung von Autos – gerade, weil fast jeder eines hat, und gerade, weil es hier eine unglaubliche Preistransparenz gibt. Wir wissen, was Autos leisten und was sie kosten. Insofern taugen sie zur Demonstration von Macht und Reichtum.

Ein Beispiel: Es macht einen Unterschied, ob ein Rechtsanwalt mit einem verrosteten Cinquecento oder mit einer S-Klasse in Silbermetallic auf dem Hof seines Mandanten parkt – der Erste mag hochkompetent sein, den Zweiten halten wir allemal für erfolgreicher – und ist dies im Umkehrschluss nicht gerade ein Zeichen seiner Kompetenz? Auch die Fähigkeiten eines Steuerberaters haben nichts mit seinem Auto zu tun, das weiß jedes Kind; aber würden Sie Ihre Finanzen lieber einem Steuerberater anvertrauen, der einen rappeligen R4 oder der einen polierten Passat fährt?

Wie wichtig derlei Äußerlichkeiten gerade im Berufsleben sind, belegt eine Studie des Autovermieters Budget: Dienstwagen sind das wichtigste Statussymbol in deutschen Unternehmen, und zwar nicht etwa, weil sich dadurch großartige finanzielle Vorteile ergäben – die hat nämlich (durch Einsparungen bei den Lohnnebenkosten) in erster Linie der Arbeitgeber. Für den Arbeitnehmer zählen vor allem emotionale Argumente: »Ich fahre dieses Auto, weil ich das dem Unternehmen wert bin.« Früher heftete man sich Auszeichnungen an die Brust, heute schiebt man sein Gesäß hinein.

Der Dienstwagen steht obenan auf der Status-Hitliste. Es folgen: die eigene Assistentin, der Titel auf der Visitenkarte, Spesenbudget, Lufthansa-Senatorkarte, Firmenkreditkarte und schließlich Kunst im Büro. Führungskräfte lieben Dienstwohnungen, Personalrabatte bei günstigen Einkäufen im eigenen Betrieb, den firmeneigenen Kindergarten oder die geschenkte Mitgliedschaft in einem Fitness-Center. Und noch eines ist superattraktiv: der Parkplatz direkt auf dem Hof der Firma. Aber dort parkt ja meist schon der Chef.

Ob wir selbst Uhren der Marke Rolex protzig finden oder nicht, ob wir den Stellenwert eines Dienstwagens für gnadenlos überschätzt halten oder uns die Vorstellung befremdlich vorkommen mag, Kinder als Statussymbole zu bezeichnen, ist bei alledem unerheblich. Nicht wir sind es, die definieren, was einen Symbolwert hat, sondern die Gruppe, in der wir uns bewegen. Nicht der einzelne Mensch entscheidet – und erst recht nicht bewusst! –, welchen Dingen er welchen Wert beimisst. Tatsächlich lernt er es, quasi nebenbei, indem er sich in der Gesellschaft bewegt, für dieses oder jenes Accessoire besondere Anerkennung bekommt und durch diese oder jene Statussymbole mehr Wertschätzung erfährt als ohne.

Der feine Unterschied –
es gibt ihn selbst in der Sauna

Wenn man an Statussymbole denkt, dann fallen uns meist materielle Merkmale ein, greifbare und sichtbare Insignien. Ein Auto, eine Uhr, bestimmte Kleidungsstücke. Käufliche Dinge eben, die es uns erlauben, unsere eigene gesellschaftliche Stellung zu unterstreichen und anderen Menschen ihren Platz zuzuweisen. Doch die Möglichkeiten, ein Bild von uns zu entwerfen und uns ein Bild über andere zu machen, sind weitaus vielschichtiger, als uns dies oftmals bewusst ist.

In früheren Jahrhunderten gab es strenge Vorschriften, wer welche Kleidung zu tragen hatte und welche er bei Strafe nicht tragen durfte. Schon Karl der Große erließ eine Kleiderordnung für Bauern. Beim vierten Laterankonzil von 1215 wurde eine spezielle Kleiderordnung für Juden erlassen. Die Männer mussten später den so genannten Judenhut als »Schandmütze« tragen, meist gelb mit hoher, kugelförmig endender Spitze. Während des gesamten Mittelalters gab es solche Bestimmungen, auch für jeden Stand in den Städten. So sollte vermieden werden, dass sich jemand aus einem niederen Stand als etwas Besseres ausgab. Allerdings gab es bereits im 13. Jahrhundert Klagen darüber, dass Bauern die Mode des Adels und der Ritter nachahmten, was streng verboten war.

Luther, in vielem ein kritischer und revolutionärer Denker, warnte noch im 15. Jahrhundert den Schuster, er solle bei seinen »Leisten«, also bei seiner Berufung und dem dazugehörigen Stand bleiben. Und wer kennt nicht die Novelle Gottfried Kellers aus dem 19. Jahrhundert mit dem viel sagenden Titel »Kleider machen Leute«, die sich in der Verfilmung mit Heinz Rühmann zum Klassiker entwickelte. Weil der arbeitslose Schneidergeselle Wenzel Strapinski auf seiner Wanderschaft einen selbst hergestellten und kostbar wirkenden Samtmantel trägt und von einer edlen Kutsche ein Stück mitgenommen wird, hält alle Welt ihn für einen reichen Grafen. Und das völlig ohne Zutun des verträumten und schüchternen Schneiderleins ... An diesem Beispiel zeigt sich, wie sehr äußere Insignien wie das Gefährt oder der Mantel zur Interpretation durch die Umwelt einladen und welche Folgen das haben kann.

Je mehr Mode standesgemäß reguliert wurde, desto besser eignete sie sich zur politischen Demonstration. Nach der französischen Revolution ersetzte die bürgerliche Mode die Trachten des Adels. Die Emanzipation der Frau zeigte sich darin, dass sie statt der Kleider auch Beinkleider zu tragen begann. Und gegenwärtig entspinnen sich um das Thema Kopftuch heftige Dispute. Wieder einmal und auch in einer freiheitlich organisierten Gesellschaft wird ein Kleidungsstück gesetzlich reglementiert – nicht als Kleidungsstück an sich, sondern aufgrund seiner symbolischen Bedeutung.

So sehr die Codes der Kleiderordnung dem historischen Wandel unterliegen, so simpel sind sie gestrickt. Dem armseligen Wilhelm Voigt reichten Anfang des 20. Jahrhunderts ein paar Schulterklappen, um als »Hauptmann von Köpenick« eine ganze Armee von Soldaten herumzukommandieren und Zugriff auf die Stadtkasse von Köpenick zu bekommen. Diese Zeiten sind längst vorbei. Die vielen verschiedenen Schulterklappen wissen heute nur noch Insider zu unterscheiden. Ob der Lufthansa-Mann in der blauen Uniform ein Steward oder ein Pilot ist, erkennt der normale Fluggast nur daran: durch welche Tür steigt er ins Flugzeug, und gibt er später den Wetterbericht durch die Lautsprecheranlage durch oder serviert er den Tomatensaft?

Das Heidelberger Marktforschungsinstitut »Sinus Sociovision« hat längst die hierarchische Gesellschaftsordnung durch idealtypische Gruppen ersetzt: Statt von traditionell drei Ständen geht man heute von drei sozialen Stufen (Ober-, Mittel-, Unterschicht) in der Gesellschaft aus, die sich wiederum durch drei Grundorientierungen (traditionell, modern, neuorientiert) untergliedern lässt. So ergeben sich zehn gesellschaftliche Leitmilieus:

Die *Konservativen* entsprechen dem alten Bildungsbürgertum und sind schon etwas in die Jahre gekommen, aber auf hohem Niveau. Den finanziell abgesicherten Ruhestand widmet man ehrenamtlichen Aufgaben, amüsiert sich in der Oper oder im Theater, macht Kultur- und Studienreisen, kümmert sich um Enkel und Familie und sammelt wertvolles Porzellan.

Die *Traditionsverwurzelten* sind ebenfalls schon aus dem Gröbsten raus, man hat die Jahre über hart gearbeitet und beschränkt seinen Horizont nun endlich auf die eigenen vier Wände, die eigene Familie und die eigene Gesundheit. Bescheidenheit und Kaffeefahrten bestimmen die alten Tage, aufs Sparbuch wird Geld für die Enkel getragen.

Die *DDR-Nostalgiker* sind eine spezifisch ostdeutsche Variante, dort aber weit verbreitet. Sie sind eher verbittert über die politischen Entwicklungen seit der Wende, lehnen den Prestigekonsum des »Turbo-Kapitalismus« ab und führen ein demonstrativ einfaches Leben in Familie und Verein.

Die *Etablierten* sind das selbstbewusste Establishment mit hoher Bildung und ebensolchem Gehalt. Sie konsumieren gerne, haben ein sicheres Gespür für das

Besondere und lieben es, sich bewusst abzugrenzen – typischerweise durch eine Luxuslimousine in der Garage.

Die *Bürgerliche Mitte* hat sich gemütlich eingerichtet, die Wohnung ist schick, der Job gesichert. Sie wissen, wo man günstig und gut einkaufen kann, und die Freunde kommen zum Gourmetabend mit selbst gekochten Delikatessen.

Die *Konsum-Materialisten* haben's eigentlich nicht so dicke, wollen dafür aber umso mehr beweisen, dass sie »dazu« gehören. In der Kneipe schmeißen sie gern mal eine Runde, zu Hause steht neben dem DVD-Player eine beachtliche Sammlung von Action-Filmen und Videospielen, und wenn ihnen die Decke der Mietwohnung auf den Kopf fällt, gehen sie in den Freizeitpark oder zum Billardspielen.

Die *Postmateriellen* sind meist Intellektuelle, oft Freiberufler. Man denkt global und gerne kritisch, handelt lokal, gern umwelt- und gesundheitsbewusst. Sie geben mehr Geld für Bücher und Kultur aus als für anderen – für sie überflüssigen – Konsum und definieren sich mehr über Kreativität als über Besitz.

Die *Hedonisten* gehen montags bis freitags einem anständigen Beruf nach, und am Wochenende lassen sie die Sau raus. Ob Ballermann-Party oder PublicViewing von Sportereignissen, Computerspiel oder Shopping im Einkaufszentrum – sie leisten sich was, wo und was sie können, auch wenn's nicht besonders viel ist.

Die *Experimentalisten* wollen sich nicht festlegen. Bloß keine Zwänge, bloß nicht heute schon wissen, was man in zehn Jahren macht! Sie suchen das Abenteuer, ob im Beruf oder in der Freizeit. Sie sind fasziniert von Extremsportarten, Live-Musik-Events und allem, was irgendwie schrill ist.

Moderne Performer sind vor allem eines: jung! Doch sie wollen hoch hinaus. Persönlicher Ehrgeiz und die Lust auf ein intensives Leben treiben sie bis an die Grenzen von Mobilität und Leistungskraft. Zum Glück zahlt meistens Papa für die Umzüge, so fällt der Wechsel von Barcelona nach New York, von Berlin nach London nicht so schwer.

Wenngleich die Heidelberger Marktforscher die Milieus recht genau charakterisieren können: Die Milieus verändern sich, wabern hin und her, verbünden und spalten sich, lösen sich auf und bilden neue. Binnen eines Jahrzehnts entstehen so ganz neue Milieu-Diagramme – mal abgesehen davon, dass jedes Marktforschungsinstitut zu eigenen Ergebnissen kommt. Und schlimmer noch: Zwar benennen die Marktforscher gern Konkretes wie bestimmte Unterhaltungselektronik, Automarken, Lebensmittel oder Sportarten, doch durchweg gibt es eine Vielzahl von Charakteristika je nach Milieu, die teilweise nur Nuancen voneinander entfernt sind.

* * *

Der französische Soziologe Pierre Bourdieu hat 1979 in seiner viel beachteten Studie »Die feinen Unterschiede« festgestellt, dass der moderne Mensch seine Standeszugehörigkeit nicht allein über Kleidung oder Besitz zum Ausdruck bringt. Durch viele Beobachtungen und empirische Befragungen fand Bourdieu heraus, woran der Status eines modernen Menschen viel eher festzumachen ist als an der Kleidung oder seinem Geldbeutel: an immateriellen Dingen wie Essgewohnheiten und Sprache, Benehmen und Konsumverhalten. Es ist der individuelle

16

Lebensstil, der Rückschlüsse auf die Herkunft und den sozialen Rang von Menschen zulässt.

Bourdieu hat für diese persönliche Haltung, die jeder Mensch durch seine Sozialisation und seine Erfahrungen ganz individuell erwirbt, den Begriff »Habitus« geprägt. Er wird über Jahre unbewusst erlernt und zu »kulturellem« und »sozialem Kapital« angehäuft. Zum kulturellen Kapital gehören beispielsweise Bildungstitel, aber auch Lesegewohnheiten. »Der Habitus ist ein System von Grenzen. Wer z.B. über einen kleinbürgerlichen Habitus verfügt, der hat eben auch, wie Marx einmal sagte, Grenzen seines Hirns, die er nicht überschreiten kann.« Wenn ein einfacher Arbeiter glaubt, durch Anschaffung einer Goethe-Werkausgabe sein kulturelles Kapital steigern zu können, hat er sich geschnitten. Den Schinken einfach ins Regal zu stellen wird ihm nichts nutzen und bestenfalls Tante Hilde beeindrucken. Wenn er ihn aber liest, ist das etwas ganz anderes. Denn damit erwirbt er Wissen und Teile des kulturellen Kapitals, das eigentlich im Bildungsmilieu angesiedelt ist, wodurch sich seine Aufstiegschancen rapide verbessern.

Auch der Musikgeschmack gehört zum individuellen Habitus und zeigt, wie viel Ökonomie und sozialer Sprengstoff in einem harmlosen Strauß-Walzer stecken. In seinen Untersuchungen hat Bourdieu Versuchspersonen aller Schichten vom Arbeiter bis zum Professor gefragt, welches Musikstück ihnen am besten gefällt: »Das wohltemperierte Klavier« von Johann Sebastian Bach, Gershwins schmissige »Rhapsody in Blue« oder »An der schönen blauen Donau« von Johann Strauß. Die Ergebnisse sind ganz erstaunlich. Während Arbeiter und kleine Angestellte mit überwältigender Mehrheit für den Strauß-Walzer votierten und Akademiker sich mit Grausen abwandten, war es bei den Bach-Fugen gerade umgekehrt: Den Lehrern, Kunstschaffenden und Professoren war dies das liebste Stück und die »niederen« Stände zuckten mit den Schultern. Spannend sind die Zahlen zu »Rhapsody in Blue«, weil sich hier eine Häufung in der Mitte der Milieus ergab: Techniker und mittlere Angestellte mochten dieses Stück am liebsten, und nach oben und unten in der Hierarchie nahm die Zustimmung ab.

Für Bourdieu gibt es einen engen Zusammenhang zwischen höchst ungleichen Dingen: »Wie einer spricht, tanzt, lacht, liest, was er liest, was er mag, welche Bekannte und Freunde er hat usw.«

Diese Zusammenhänge verdeutlicht auch ein Blick in die Literatur. So bediente sich etwa der französische Romancier Honoré de Balzac im 19. Jahrhundert häufig des Stilmittels, die Helden zu beschreiben, indem er ihre Häuser beschrieb. Auch sein Zeitgenosse, der Schriftsteller Gustave Flaubert, machte in seiner »Erzählung des Herzens« die Essgewohnheiten unterschiedlicher Schichten zum Symbol ihres milieuspezifischen Charakters.

* * *

Auch wenn die Mode der Zeit viele Männer zum Tragen eines neutralen Anzugs drängt, geben doch stilistische Feinheiten Auskunft über den sozialen Status. Schnitt und Sitz des Jacketts offenbaren den Unterschied zwischen Führungskraft und Klinken putzendem Außendienstler. Durch den Manschettenknopf setzt sich der

Top-Manager vom kleinen Angestellten mit Krawattennadel ab.

Doch auch im bequemen Freizeitdress oder selbst nackt in der Sauna sind Schichtzugehörigkeiten zu erkennen. Denn nicht an Gegenständen lassen sich die modernen Statussymbole festmachen, sondern am jeweiligen Habitus eines Menschen – also seinem Verhalten, Auftreten, Geschmack und seinen Gewohnheiten. Dazu gehört etwa die Fähigkeit, mit Sprache umzugehen und sich auf Menschen und Situationen einzustellen, sei es die Kunst, mit vielen unterschiedlichen Menschen Gemeinsamkeiten herzustellen und sich Gehör zu verschaffen, sei es das Talent, bewusst zu untertreiben oder mit Symbolen zu spielen, ohne sich ihnen zu unterwerfen.

Wie sehr einem dieser Status im Leib steckt und zur Natur geworden ist, zeigt sich auch daran, dass zwar gutes Benehmen und der gekonnte Umgang mit dem Hummerbesteck gelernt werden können. Souverän und natürlich wird sich dabei aber vor allem derjenige fühlen, der diese Kulturtechniken bereits mit der Muttermilch aufgesogen und bei Empfängen und Diners im heimischen Salon in den Umgang mit ihnen hineingewachsen ist. Je früher, also natürlicher das kulturelle Kapital erworben wurde, desto mehr ist es auch wert und gibt dem Inhaber ein Gefühl der Sicherheit.

Geld allein bringt keinen Status, auch eine machtvolle Stellung im Unternehmen oder in der Gesellschaft verschafft einem allein keine allgemeine Wertschätzung. Erst die perfekte Anhäufung von verschiedenen Ressourcen – also ökonomischem, sozialem und kulturellem Kapital – signalisiert den angestrebten Status.

Kleinfelds Uhr an sich ist ohne Bedeutung. Auch die Tatsache, dass sie mehrere tausend Euro gekostet hat, ist wirkungslos. Andere Vorstände lassen sich ohne Wirbel mit Accessoires fotografieren, die das Gleiche oder sogar ein Vielfaches gekostet haben, mit moderner Kunst zum Beispiel oder im maßgeschneiderten Anzug. Aber niemand käme auf die Idee, hier irgendetwas wegretuschieren zu lassen.

Nein, was empört, ist die Tatsache, dass die Uhr eine Rolex ist. Eine Rolex ist nicht einfach eine Uhr. Eine Rolex gehört zu einem gewissen Habitus, zum Habitus des Neureichen nämlich. Zum Angeber-Habitus des Aufsteigers, der aller Welt demonstrieren will, dass er »es« geschafft hat.

Moderne Kunst als Schmuck fürs Arbeitszimmer und als gut sichtbarer Hintergrund bei Porträtfotos ist Teil eines anderen Habitus, wie der Kunsthistoriker Wolfgang Ulrich in seinem Buch »Mit dem Rücken zur Kunst« eindrücklich nachgewiesen hat: Moderne Kunst dient einer Gruppe von Personen als Symbol, die als »Vertreter einer heldenhaft-tapferen Avantgarde« erscheinen wollen. So kreativ wie der Künstler, so mutig, selbstbewusst und der Zukunft zugewandt ist auch der Porträtierte. Niemand fragt bei einem Kunstwerk, das im Hintergrund einer Porträtaufnahme erscheint, was es gekostet hat. Mit Kunst protzt man nicht, mit Kunst beeindruckt man.

Auch bei einem Maßanzug fragt man nicht nach dem Preis und niemand regt sich darüber auf, obwohl der Maßanzug mehr gekostet haben mag als Kleinfelds Rolex. Schon allein, weil die wenigsten einen Maßanzug von Konfektionsware zu unterscheiden wissen. Und wer derlei unterscheiden kann, interessiert sich nicht für Geld – denn meistens hat er ausreichend davon. Er erkennt in dem Träger des Maßanzugs demgemäß keinen

Aufschneider, sondern lediglich einen geschmackssicheren, qualitätsbewussten Herrn alter Schule. Ein Maßanzug steht für Tradition und Wertarbeit. Sein Träger stellt sich gegen die Schnelllebigkeit einer modischen Konsumwelt. Maßanzüge gehören zum Habitus eines wertbewussten Konservativen – nichts also, was man wegretuschieren lassen müsste. Es sei denn, man wolle sich gerade zum Vorreiter einer Revolte ausrufen.

Solange Kleinfeld »nur« Mitglied des Vorstands war, war die Uhr auf dem Pressefoto kein Problem. Der 47-jährige Arbeitersohn war tatsächlich ein rasanter Aufsteiger, der eine beeindruckende Blitzkarriere hingelegt hatte. Die selbstbewusst getragene Rolex passte ins Bild. Als Vorstandsvorsitzender eines der größten deutschen Konzerne hatte Kleinfeld jedoch plötzlich einen anderen Status. Der Habitus des Aufsteigers, der seine Widersacher auf dem Weg nach oben beeindrucken wollte, war überflüssig geworden. Er war oben angekommen. Jetzt galt es nach rechts und links Ebenbürtigkeit und nach unten Machtsicherheit zu demonstrieren. Niemand sollte Zweifel daran haben, dass Kleinfeld den Status innehatte, der ihm gebührt. Die Rolex, die ihn bislang als Mann auf dem Weg nach oben gekennzeichnet hatte, wurde nun zum verräterischen Indiz dafür, dass Kleinfeld mal unten gewesen war. Die Erinnerung daran sollte ausgelöscht werden. Lieber keine Uhr als diese.

Man sollte wissen, was gespielt wird

Es wird interessant sein zu sehen, welche Uhr Kleinfeld in Zukunft tragen wird. Sie wird nicht unbedingt weniger teuer sein, im Gegenteil: Andere Manager in vergleichbarer Position tragen sehr viel wertvollere Zeitmesser – aber eben keine Rolex. Sie tragen Uhren, die für andere Tugenden stehen als für *Erfolg* – für *Tradition* zum Beispiel oder für *Gemeinsinn*, für *Bescheidenheit* oder für *Dynamik*, für *Wissen* oder für *Weltoffenheit*. Das nämlich sind die sieben Tugenden, die wir bei unseren monatelangen Recherchen ausfindig gemacht haben. Auf diese sieben Tugenden können Statussymbole verweisen. Es gibt nicht nur jeweils passende Uhren, sondern auch für jede Tugend geeignete Autos, Kleider und Lebensmittel, Hobbys, Kulturereignisse und Festivitäten, Fähigkeiten, Eigenschaften und Vorlieben.

Die Statussymbole der Moderne funktionieren wie ein Quartettspiel: Statt um Hubraum, Pferdestärken oder Höchstgeschwindigkeit geht es im Status-Quartett um die Tugenden der Moderne. Jeder Gegenstand, jedes Verhalten kann in Bezug auf die sieben Tugenden unterschiedlich viele Punkte einspielen. Je mehr Punkte, desto höher ist die Stichhaltigkeit eines Statussymbols. Es gewinnt beim Status-Quartett am Ende der, der mit seinen Karten die meisten Stiche machen kann.

Wer allerdings nur Karten sammelt, die ausschließlich in der Tugend *Erfolg* punktestark sind, hat auf Dauer keine Chance. Ebenso wird der verlieren, der sich lediglich auf *Wissen*spunkte konzentriert. Die ideale Mischung macht's: Nur wer in allen sieben Tugend-Kategorien starke Karten hat, wird auf lange Sicht beim Status-Quartett mitmischen können.

Da kann es dann gelegentlich auch hilfreich sein, eine vormals starke Karte einfach abzugeben. Klaus Kleinfeld hat sich mit dem Entschluss, seine Rolex aus der öffentlichen Darstellung zu verbannen, dafür entschieden, auf diese Punkte in der Kategorie *Erfolg* zu verzichten. Der

Titel »Vorstandsvorsitzender der Siemens AG« macht derlei überflüssig. Solch ein Titel ist kaum zu toppen, schon gar nicht durch eine Rolex. Diese Karte ist stark genug.

Deswegen muss sich der Vorstandsvorsitzende Kleinfeld um Karten bemühen, die in den anderen Kategorien zählen. Dadurch, dass Kleinfeld auf die öffentliche Medienschelte zur Foto-Retusche mit humorvoller Gelassenheit reagierte und betonte, »dazu müsse man jetzt eben stehen«, hat die Rolex-Affäre seinem Ansehen sicher nicht geschadet. Im Gegenteil: Die Souveränität in der Krise gab Pluspunkte in der Kategorie *Dynamik*. Insofern könnte Kleinfeld nunmehr die Rolex locker weiter tragen und damit obendrein noch in der Tugend *Tradition* punkten – schließlich bliebe er damit seinem eigenen Stil treu, ganz gleich, was andere dazu sagen.

Dass wir von »Tugenden« sprechen, kommt nicht von ungefähr. Im allgemeinen Verständnis bezeichnet man als Tugend den Besitz einer positiven Eigenschaft. Welche Eigenschaft positiv ist und welche nicht, formuliert jede Gesellschaft für sich neu. Platon und Aristoteles entwickelten die Tugendkataloge der Antike: Klugheit, Gerechtigkeit, Tapferkeit und Mäßigung waren die vier Kardinaltugenden. Von ihnen wurden alle anderen abgeleitet. In der christlichen Theologie ergänzte Thomas von Aquin diese um die Tugenden Glaube, Liebe, Hoffnung.

Mit unseren sieben Tugenden wollen wir uns keineswegs in die berühmte Reihe stellen und erst recht keinen verbindlichen Kanon aufstellen oder eine neue Ordnung definieren. Wir möchten lediglich etwas abbilden, was ohnehin schon da ist, bisher nur noch nie so deutlich ausgesprochen wurde. Wir wollen veranschaulichen, was wir in der Fülle von Material an abstrakten Qualitäten entdeckt haben.

Bei unseren Recherchen haben wir uns vorrangig auf öffentliche Selbstdarstellungen von Managern und Führungskräften in Politik, Wirtschaft und Medien konzentriert. Selbstdarstellungen deswegen, weil wir überzeugt sind, dass Menschen nur das von sich selbst preisgeben, womit sie sich vorteilhaft darstellen können. Jeder von uns zielt darauf, ein Bild – ein Image – von sich zu zeichnen, das einen positiven Eindruck macht. Alles, was man gegenüber Journalisten oder in den Medien bewusst von sich zeigt, spiegelt darum den aktuellen Wertekanon. Nicht die Fotos von Paparazzis, die heimlich intime Momente von Prominenten erhaschen, haben wir deshalb begutachtet, sondern die offiziellen, mit viel Aufwand und mit professioneller Unterstützung erstellten Selbstporträts sind die Grundlage unserer Betrachtung. Nicht zufällige Mitschnitte von irgendwelchen Live-Auftritten, sondern Interviews, die im Nachhinein autorisiert oder korrigiert wurden, haben wir ausgewertet.

Manager und Führungskräfte in Politik, Wirtschaft und Medien haben uns deswegen am meisten interessiert, weil sie wohl unbestritten zur mächtigen Elite unseres Landes gehören. Mancher wird den Wirtschaftsvertretern vielleicht mehr Macht zubilligen als den gewählten Repräsentanten in unserer Demokratie, mancher die Medienvertreter als die wahre Machtinstanz bezeichnen. Aber niemand wird einer vierten Gruppe mehr Macht zusprechen als einer von diesen dreien.

Der Tugendkatalog unter Sportlern, Literaten oder Musikern mag ein anderer sein; auch die Jugend oder die wachsende Generation der Alten hält möglicherweise andere Tugenden für prestigeträchtiger. Dies hat auch mit dem bereits angesprochenen Wandel zu tun, dem Statussymbole seit Menschengedenken unterliegen. Nix ist fix, könnte man diesen Relativismus bezeichnen, der zur Maxime der so genannten Postmoderne geworden ist. Das »Anything goes« ist zwar ein Schlachtruf der Gleichheit, er stimmt aber nur bedingt – denn es geht eben nicht »alles«, solange »alles« irgendetwas bedeutet, und zwar jedes etwas anderes. Natürlich kann ich theoretisch »alles« anziehen, wenn ich ins Theater gehe. Aber der Jeansträger ist ein anderer Theatergast als der Smokingträger. Den Unterschied sieht man, wenn man die verschiedenen Reaktionen der Rezeptionisten eines teuren Hotels beobachtet, je nachdem, ob ein Budapester-Anzug oder eine Turnschuh-Jeans das Foyer betritt.

Weder wollen wir mit diesem Buch den obligatorischen Warenkatalog irgendeines Milieus noch den optimalen Einkaufskorb für den imagebewussten Herrenausstatter zusammenstellen. Wir erheben keinerlei Anspruch auf Vollständigkeit und formulieren auch keine ultimativen Patentrezepte. Stattdessen wollen wir Angebote für den Umgang und das Entschlüsseln all jener Zeichen bereitstellen, die unsere gesellschaftliche Rolle beeinflussen und uns helfen, unsere Stellung zu beziehen.

Welchen Bildern wir selbst entsprechen wollen, welchen wir meinen entsprechen zu müssen und was wir beachten sollten, wenn wir uns ein Bild über unsere Mitmenschen machen – das ist das Thema dieses Buches. Dabei wird Ihnen einiges bekannt vorkommen und vieles überraschend und bemerkenswert für Sie sein.

Es geht darum, eine gelassene – in den Worten Adolph Freiherr Knigges »lebenskluge« – Haltung gegenüber den äußeren Insignien der Macht einzunehmen, ohne deren enormen Einfluss auf den gemeinsamen Umgang und die Abgrenzung zu anderen zu unterschätzen oder gar als moralisch verwerflich abzulehnen.

Kurz: Man sollte wissen, was gespielt wird, ohne selbst mitspielen zu müssen.

»Ich hab's, und ich hab's verdient!« –
Erfolg, die erste Tugend

»Die da oben, die scheißen doch eh auf uns!«, schimpft ein Frankfurter Obdachloser und reckt dem zweithöchsten Bürogebäude Europas seine geballte Faust entgegen. Er irrt. Sie urinieren.

Als der Commerzbank-Tower 1997 gebaut wurde, war er – natürlich – das höchste Gebäude Europas, zwei Meter höher als das bisher höchste Gebäude, der Frankfurter Messeturm. Seit 2003 aber wird die Commerzbank-Zentrale von einem neueren Gebäude, dem Moskauer Triumph-Palace, überragt – fünf Meter haben die Russen oben draufgelegt.

Das Frankfurter Hochhaus wurde von dem renommierten Architekten Sir Norman Foster gebaut, dem Schöpfer der Reichstagskuppel in Berlin. Die 49 Stockwerke kann man mit einem der 16 Fahrstühle in Sekundenschnelle bewältigen. Im Südkern ist zudem ein Außenfahrstuhl angebracht. Besonders bemerkenswert ist jedoch das 160 Meter hohe, also über 43 Stockwerke reichende Atrium im Gebäudeinnern. Der Clou: An diesen Bereich schließen sich spiralförmig versetzt neun nach innen liegende Gärten an – mit jeweils einer Fläche von 450 Quadratmetern bei 15 Metern Höhe. Statt imposantem Park drum herum gibt es also noch imposantere Gärten innen drin.

Nahezu alle Innenwände sind aus Glas. Durch eine doppelte Außenfassade ist eine Lüftung mit Frischluft möglich, zusätzlich kann über die Decken eine Raumkühlung mit Wasser vorgenommen werden. Bei alledem wurde ein ökologischer Ansatz verfolgt, der den Energieverbrauch um etwa ein Drittel senken konnte.

Doch wer sich nicht vom dschungelartigen Garten im 20. Obergeschoss beeindruckt zeigt, wird spätestens hoch oben in der 49. Etage sein Erstaunen nicht mehr verbergen können: Die Pinkelpause der Vorstandsriege findet nämlich nicht in üblicher Manier im gedämpften Neonlicht abgedunkelter Nasszellen statt, sondern an Marmor-Urinalen vor bodentiefen Glasfenstern mit Blick auf die Dächer der Mainstadt.

Architektur gehört seit jeher zu den Herrschaftsinsignien schlechthin. Das Markieren von Herrschaftsbereichen durch Urin ist zumindest Hundebesitzern vertraut. Die Kombination aus beidem ist vermutlich die Krönung unter den baulichen Statussymbolen.

»Er stand auf seines Daches Zinnen und schaute mit vergnügten Sinnen auf das beherrschte Samos hin. ›Dies alles ist mir untertänig‹, begann er zu Ägyptens König. ›Gestehe, dass ich glücklich bin!‹« – Vielleicht fand ja auch dieser Einstiegsdialog aus Schillers berühmter Ballade »Ring des Polykrates« in einer Pinkelpause statt …

Aber nicht immer ist es die Notdurft, die auf höchstem Niveau ihren angemessenen Platz findet. In der Regel finden sich in den obersten Stockwerken und mit entsprechender Aussicht edel gestaltete Konferenzräume, Nobelrestaurants und andere geeignete Repräsentations- und Empfangsräume. Dass man damit nicht nur funktionalen Zwängen – großer Raumbedarf auf wenig Baugrund – gehorcht, zeigen spätestens die gigantischen Hochhausbauten, die in den asiatischen Himmel wachsen. Die höchsten Wolkenkratzer der Welt werden derzeit nämlich in den wachsenden Städten Peking, Shanghai, Hongkong und Taipeh gebaut.

Plumpes Imponiergehabe, schimpfen die einen, beeindruckende Architektur, freuen sich die anderen, angemessene Repräsentation wachsender Wirtschaftsmacht, diagnostizieren die Dritten.

Doch welcher Fraktion auch immer man sich anschließen mag, unbeeindruckt bleibt niemand von mächtigen repräsentativen Bauten. Ob das Sony-Center in Berlin oder das Bayer-Oval in Leverkusen – wir empfinden millionenteure Prestigebauten mächtiger Unternehmen als selbstverständlich, ja, auch als angemessen. Doch eine schicke Konzernzentrale reicht schon lange nicht mehr: Dass sich Volkswagen mit der »Autostadt« in Wolfsburg ein erstklassiges und weltweit beachtetes Immobilien-Signet errichtete, das jedes herkömmliche Auslieferungszentrum konkurrierender Automobilhersteller in den Schatten stellt, wird niemand bestreiten. Schon bauen Daimler und BMW an vergleichbaren Statusbauten.

Einst bewies Sonnenkönig Ludwig XIV. mit seinem unermesslich großen Schlossneubau in Versailles, dass er der mächtigste Mann der Welt war: Der russische Zar gönnte sich mit St. Petersburg gleich eine ganze Stadt.

Nach der Wiedervereinigung griff Helmut Kohl als Kanzler tief in den bundesdeutschen Staatssäckel, um sich und seinem Land eine Hauptstadtarchitektur zu verpassen, die einer Weltmacht angemessen war.

Und selbst Fußballclubs, die ja einst der Arbeiterklasse zugerechnet und von dieser dominiert wurden, gönnen sich steinerne Statussymbole in Form von imposanten Fußballstadien: ob die Allianz-Arena in München, die AWD-Arena in Hannover oder die AOL-Arena in Hamburg – die namengebenden Sponsoren finanzieren die prestigeträchtigen Betonprachtbauten, in deren Flutlicht sie sich in den nächsten Jahren sonnen wollen. Die Fußballclubs freuen sich über die großzügige Unterstützung der Sponsoren, die Sponsoren über die öffentlichkeitswirksame und in Stein gemeißelte PR: So geht die Win-Win-Situation im Status-Quartett.

Was hiermit symbolisiert und informell ausgetauscht wird, ist die Tugend des Erfolgs. Denn nur wer »es« geschafft hat, kann sich solche Pracht erlauben – im Fall der Fußballarenen schieben sich also gleich zwei erfolgreiche Partner die Trümpfe im Status-Quartett zu. »Ich hab's, und ich hab's verdient«, das ist die unausgesprochene Parole eines jeden Häuslebauers, auch wenn er sich nicht gleich ein Hochhaus auf sein kleines Grundstück setzt. Das Türmchen auf dem Dach und die säulenbewehrte Eingangstür mit Butzenscheiben sind Verkaufsschlager bei Fertighäusern – von jeder Funktionalität befreit, sind sie nichts als Statussymbole des kleinen Mannes, der auch mal Herr, wenn auch nur Bauherr sein möchte.

Achten Sie darauf, wo Sie arbeiten. Das Firmengebäude ist Imageträger des Unternehmens. Ideal ist, wenn es an einem repräsentativen Ort steht und eindrucksvoll aussieht. Die Adresse auf der Visitenkarte liest nicht nur der Postbote: Kluge Köpfe unter den Selbstständigen verschaffen sich über Netzwerke mit Kollegen einen Briefkopf mit internationalem Flair: »München, Paris, Rom, Warschau«.

»Luxus ist jeder Aufwand, der über das Notwendige hinausgeht«, schrieb der deutsche Soziologe und Volkswirt Werner Sombart. Der in Breslau und Berlin lehrende Professor beschäftigte sich mit der Geschichte des Luxus, so auch in seinem 1902 erschienenen Klassiker »Liebe, Luxus und Kapitalismus«. Untertitel: »Über die Entstehung der modernen Welt aus dem Geist der Verschwendung«. Höfischer Luxus habe nämlich in der Frühzeit der Moderne das Wirtschaftsleben angekurbelt. Davon ist heute die symbolische Leitfunktion des Statuskonsums in den wohlhabenden Schichten geblieben. Wenn die Reichen und der Mittelstand knauserig werden, sinkt die gesamtwirtschaftliche Stimmung – so jedenfalls die Theorie.

Consumo ergo sum. So etwa hätte es auch der Soziologe und Wirtschaftswissenschaftler Thorstein Veblen formulieren können, der ein brillanter, facettenreicher, oft schwieriger Intellektueller war und einen enormen Einfluss auf das nationalökonomische und sozialwissenschaftliche Denken in den USA hatte.

Zu seinen wichtigsten Schriften gehörte die 1899 erschienene »The Theory of the Leisure Class« (Die Theorie der feinen Leute). Darin prägte Veblen den Begriff der »demonstrativen Verschwendung«. Eine der Ursachen für Luxus und deren Funktion sei nämlich das Sozialprestige. Dabei käme es auch zu einer Vermischung von Zeitgeschmack und Kostbarkeit. So wird intuitiv »teuer« mit »schön« und »billig« mit »hässlich« gleichgesetzt.

Veblen geht sogar so weit, das ständige Anstellen von Vergleichen, den neidvollen Blick auf unsere Mitmenschen – das immerwährende »keeping up with the Jones« – zum Motor des Kapitalismus zu erklären.

»Ist der Besitz einmal zur Grundlage des öffentlichen Ansehens geworden, so bildet er alsbald die Voraussetzung für jenes selbstgerechte Gefühl, das wir als Selbstachtung bezeichnen. In jeder Gesellschaft, die das Privateigentum kennt, muss der Einzelne im Interesse seines inneren Friedens mindestens ebenso viel besitzen wie jene, mit denen er sich auf dieselbe Stufe stellt; und es ist außerordentlich wohltuend, etwas mehr zu haben als die andern.«

»Haben« als notwendige Bedingung. Die Kunst, seinen Erfolg ins rechte Licht zu rücken, als hinreichende Bedingung! Die Statuskarte »Erfolg« auf der Hand zu haben ist das eine, sie an der richtigen Stelle auszuspielen das andere …

Die hohe Kunst besteht darin, das »Richtige« zum »richtigen« Zeitpunkt zu besitzen und es auf die »richtige« demonstrative Weise zur Geltung zu bringen. In den

Zeiten, als Salz noch Luxus war und nicht selbstverständlich zur Grundausstattung eines jeden Haushalts
gehörte, leisteten sich die französischen Könige eine
Meisterleistung im demonstrativen Konsum: Sie fuhren
Schlitten auf ihrem Salz ...

Nun mag man sich darüber entrüsten und sich an den
zynischen Satz Marie Antoinettes erinnert fühlen, »Wenn
das Volk kein Brot hat, soll es doch Kuchen essen«, und
dennoch gilt: Mit der geglückten prestigeträchtigen Demonstration trennt sich nicht nur die Spreu vom Weizen,
es manifestieren sich auch die Grenzen, innerhalb derer
unsere Darbietung überhaupt gelingen kann.

Wer auf architektonisches Imponiergehabe lieber verzichten will und deswegen mit seiner Firma bescheidene
Räume im Obergeschoss einer Supermarktkette bezieht,
macht nach Statuskriterien einen großen Fehler. Denn
die gute Adresse gehört zum guten Ton. Ein Minimum
an Repräsentanz wird vorausgesetzt, wenn man in einer
professionellen Liga mitspielen will. Das Hinterhof-Loft
wurde vielleicht zu Hochzeiten der New Economy als
schick, zumindest cool empfunden; im 21. Jahrhundert
wird jedoch wieder klassisches Bürodesign bevorzugt.
Und tatsächlich finden sich gerade in Berliner Hinterhö-
fen und Loftetagen heute vor allem Bürogemeinschaften
so kreativer wie finanziell mies ausgestatteter Neuunter-
nehmer und Ich-AGler.

Heute ist wieder ein richtiges Sekretariat bzw. »Vorzimmer« angesagt – selbst wenn sich die Bürokommu-
nikation inzwischen so entwickelt hat, dass die allermeisten Chefs in der Lage sind, ihre E-Mails selbst zu
lesen und zu schreiben und nicht mehr das »Fräulein«
zum Diktat zu bitten. Aber überhaupt eine Sekretärin – in
politisch korrektem Bürodeutsch heißt es »Assistentin« –

zu haben ist natürlich ein wichtiger Trumpf im Statuswettbewerb. Diesen Joker darf man natürlich nicht verstecken, und das geht am besten so:

Das Telefon klingelt, Sie heben den Hörer ab und eine freundliche Frauenstimme sagt: »Herr Dr. Hinseminsel möchte Sie gern sprechen, ich verbinde …«, und bevor Sie noch irgendetwas sagen können, knattert es in der Leitung, bis endlich Herr Dr. Hinseminsel den Hörer abgenommen hat und sich meldet, als sei nicht er der Anrufer, sondern der Angerufene. Es dauert einen kurzen Augenblick, bis sich die Verwirrung geklärt hat, und niemand spricht offen darüber, denn eine starke Quartett-Karte liegt offen auf dem Tisch: Seine Zeit ist zu wertvoll, um durch eine möglicherweise besetzte Leitung aufgehalten zu werden. Jedenfalls für Dr. Hinseminsel. Deswegen leistet er sich eine Sekretärin, die all die Menschen anruft, die Dr. Hinseminsel gerne sprechen möchte. Wer sich für solche Arbeiten eine Sekretärin leisten kann, der ist oben angekommen. Alle andern rufen selbst an.

Es gibt gewitzte Aufschneider, die das Sekretärinnen-Prinzip kreativ anwenden. Sie mieten sich mit ein paar anderen zusammen ein Büro und spielen wechselseitig die Vorzimmerdame – doch Vorsicht: Einmal damit angefangen, muss diese Nummer auch eine Weile durchgezogen werden! Wer plötzlich wieder selbst an den Apparat geht, demonstriert lautstark seinen sozialen Abstieg und muss sich mit Fragen wie solchen konfrontieren: »Ach, wo ist denn Ihre nette Assistentin geblieben?«

Die etwas professionellere Version eines Vorzimmers für Einsteiger sind Gemeinschaftsbüros mit fest gebuchtem Sekretariatsservice. Pure Telefondienstleistung gibt es aber auch für Freiberufler im Home-Office: Alle eingehenden Anrufe werden an ein Call-Center umgeleitet, wo speziell geschulte Mitarbeiter so tun, als säßen sie im Vorzimmer des Angerufenen, der gerade in einem »Meeting« ist. Allerdings kann man diesen Service bislang nicht nutzen, wenn man selbst andere anruft. Wenigstens hat man nicht nur einen automatischen Anrufbeantworter, sondern eine »echte« Sekretärin – auch wenn es nicht die alleinig eigene ist.

Wo Reichtum noch gefeiert wird

Seit biblischen Zeiten wurden Reichtümer und deren Anhäufung entweder skeptisch betrachtet oder deren Verteilung schlicht durch den Willen Gottes erklärt. Wer was und warum verdient und ähnliche Fragen standen nicht auf der Tagesordnung, und tatsächlich weiß ja bis heute eigentlich niemand die kirchlichen Besitztümer annähernd zu beziffern.

Eines steht jedoch fest, das Verhältnis der christlichen Kirche zu Reichtum und Besitz war schon immer ein ambivalentes. Bereits im Evangelium finden sich unterschiedliche Aussagen, in welchem Zusammenhang materielle und transzendentale Güter stehen. Während wir in der Genesis in der Segnung Jakobs, dem Stammvater Israels, erfahren, dass materieller Wohlstand göttliches Wohlgefallen durchaus einschließen kann, finden wir bei Matthäus die strikte Trennung zwischen irdischen und göttlichen Segnungen: »Ihr könnt nicht Gott dienen und dem Mammon« (Mt. 6, 24).

Eine Widersprüchlichkeit und Vielfältigkeit, die die Geschichte der katholischen Kirche seither prägte. Denken wir an die prachtvolle Herrlichkeit und den alle Sinne ansprechenden Prunk »zu Gottes größerem Lobpreis«, wie er uns in den Kirchen, Domen und Kathedralen auf der ganzen Welt ins Auge fällt. Denken wir an barocke goldene Englein, farbenprächtige Deckenfresken und gotische Baukunst in höchster Perfektion einerseits – und Bettelorden wie die Franziskaner, die jedweden Besitz ablehnen, andererseits.

Das änderte sich erst, als der Augustinermönch Martin Luther auf die Weltbühne trat. Luther riss den Menschen aus seiner gesellschaftlichen Mittelbarkeit und stellte ihn direkt vor Gott: ganz alleine, ohne Priester, ohne Weihrauch, Bilder und andere ästhetische Ablenkung, ganz ohne Ablasszahlung oder andere moralische Vermittler.

Der Weg zum Individuum, zum selbstbestimmten Wesen war bereitet. Da stand er nun, der arme Mensch, von Traditionen, Fegefeuer und anderer geistiger Knechtschaft befreit, und dachte sich – »wenn schon alleine, dann aber richtig« – ohne Gott, als freies, vernunftbegabtes Individuum.

Nicht die Askese und der Verzicht auf Besitz wurden der Motor gesellschaftlichen Fortschritts, sondern deren Gegenteil: die Selbstsucht der Besitzenden. Der »menschliche Makel« wurde auf wundersame Weise für die Ärmsten der Armen zur Chance auf ein menschenwürdiges Leben. Materielles Wohlergehen und die Verfeinerung der Lebensart waren nicht länger das Privileg des Adels und des Klerus, in einer liberalen Ordnung waren jedem ein paar Krümel vom Kuchen vergönnt.

Doch wehe denen, die es nicht verstanden, ihre Chance beim Schopfe zu packen! Konnten die, die im »gesellschaftlichen Spiel« ein weniger glückliches Händchen bewiesen, sich in der Vergangenheit noch damit trösten, Teil einer höheren göttlichen Ordnung und folglich schuldlos an ihrer misslichen Lage zu sein, hat sich die Situation dramatisch verändert. Der individuelle Misserfolg ist seit der Entstehung marktwirtschaftlicher Ordnungen und »unsichtbarer Hände« ein in höchstem Maße persönliches Versagen geworden. Wer nichts hat, der hat es auch verdient! Eine durchaus logische Konsequenz; wenn jeder seines Glückes Schmied und das Glück mit den Tüchtigen ist, dann sind die Armen arm, weil sie faul sind.

Auf diesen einfachen Nenner lässt sich die Lehre des Schweizer Kirchenreformators Johannes Calvin bringen. Der Zeitgenosse Luthers vertrat die These, die Menschen könnten an ihrer Fähigkeit zu strengster Pflichterfüllung sehen, ob sie zum Heil vorausbestimmt seien. Obwohl Calvin mit seiner Prädestinationslehre eigentlich die Allmacht Gottes und Bedeutungslosigkeit des menschlichen Willens betonte, begünstigte sie in Verbindung mit der strengen Moral, die Calvin in Genf einführte, jenes Arbeitsethos, das die Grundlage für das Gewinnstreben im Kapitalismus bildete.

Diesen Zusammenhang deckte erst vierhundert Jahre später, nämlich 1904, der deutsche Wirtschaftswissenschaftler und Soziologe Max Weber auf, und zwar in seinem bekanntesten und weltweit wichtigsten Werk der Soziologie »Die protestantische Ethik und der ›Geist‹ des Kapitalismus«. Darin stellt er sich die Frage, warum gerade in Westeuropa (und Nordamerika) die Kultur, so wie sie ist, entstanden ist. Und warum diese sich nicht in China oder Indien entwickelt hat, oder auch warum diese Entwicklung nicht schon sehr viel früher in Europa passiert sei. Die Antwort findet er im gleichzeitig mit dem Kapitalismus aufblühenden Protestantismus. Im Zentrum stehe bei beiden »der Erwerb von Geld und immer mehr Geld, unter strengster Vermeidung alles unbefangenen Genießens, so gänzlich aller eudämonistischen oder gar hedonistischen Gesichtspunkte entkleidet, so rein als Selbstzweck gedacht, dass es als etwas gegenüber dem ›Glück‹ oder dem ›Nutzen‹ des einzelnen Individuums jedenfalls gänzlich Transzendentes und schlechthin Irrationales erscheint.«

Spätestens mit der attraktiven These des Vaters der Nationalökonomie Adam Smith, wonach das Verfolgen der eigenen Interessen zum Wohle aller führe, wurde Ende des 18. Jahrhunderts der Weg frei für ein ebenso freies und eigenständiges Wesen, dessen alleinige Verfolgung seiner »natürlichen Neigung« materiellen Wohlstand bei gleichzeitiger moralischer Integrität garantierte. In seinem wohl berühmtesten Beispiel führt uns Adam Smith seine prägnante Maxime »Denkt jeder an sich, ist an alle gedacht« auf plastische Weise vor Augen: »Nicht vom Wohlwollen des Metzgers, Brauers und Bäckers erwarten wir das, was wir zum Essen brauchen, sondern davon, dass sie ihre eigenen Interessen wahrnehmen. Wir wenden uns nicht an ihre Menschen-, sondern an ihre Eigenliebe, und wir erwähnen nicht die eigenen Bedürfnisse, sondern sprechen von ihrem Vorteil.«

Der Mensch sollte sein Glück in die eigenen Hände nehmen und er machte davon ausreichend Gebrauch.

Und tatsächlich entfachte die Verwirklichung dieses »Systems der natürlichen Freiheit«, wie Smith die Verfolgung der eigenen Interessen zum Wohl aller bezeichnete, einen immensen gesellschaftlichen Schub. Produktion und materieller Wohlstand verbesserten sich aufgrund der Arbeitsteilung in erheblichem Umfang.

Wer sich seinen Reichtum selbst erarbeitet hat, trägt ihn besonders unverblümt zur Schau. Deswegen sind »Neureiche« auch besonders gern gesehene Gäste in den Verkaufsräumen von Luxusartikel-Herstellern. Das Auto, das Haus und die so genannte Traumreise sind nur die ersten Stufen einer nach oben offenen Güterskala.

Die Limousine ohne oder besser mit Chauffeur, First-Class-Flüge und am besten gleich ein Privatjet, die Villa mit Swimmingpool und verschiedene Feriendomizile in aller Welt, Luxusyachten, Uhren, Schmuck und Zigarren, teure Partys, edle Restaurants und elitäre Sportar-

Status-Tipp

Investieren Sie in Luxus, aber an der richtigen Stelle. Es reicht, wenn Sie ein extravagantes Accessoire nutzen, das jeder auf Anhieb versteht. Das Auto ist die einfachste Methode, um zu zeigen, dass man sich Luxus erlauben kann. Die »Blaue Mauritius« in seiner Briefmarkensammlung zu haben wäre zwar durchaus exquisiter, aber für die Umgebung unsichtbar und als Statussymbol in dieser Kategorie ungeeignet.

ten wie Polo, Golf & Co. gehören zu den »Klassikern« unter den Statussymbolen in dieser Kategorie.

Wer sich derlei leisten kann, muss es haben! »Es« ist in diesem Fall natürlich Geld. Zwei Weltkriege und zwischendrin die Weltwirtschaftskrise mit dem letzten Freitag im Oktober des Jahres 1929, der als »Schwarzer Freitag« in die Geschichte einging, vernichteten eine Menge des gehorteten Geldes. Umso wichtiger wurde der Wohlstand im deutschen Wirtschaftswunder. Schließlich hatte man lange genug in Ruinen hausen und seinen täglichen Bedarf mit streng rationierten Lebensmittelkarten bestreiten müssen. Und so ist es nur logisch, dass zu Bundeskanzler Ludwig Erhards Zeiten, dessen Markenzeichen die Zigarre war, zur Einweihung der neuen Wohnzimmerschrankwand die Nachbarn eingeladen wurden. Zur Untermalung dieses Ereignisses wurden auf dem edlen »Schneewittchen-Sarg« stolz die auf Schallplatte gepressten neuesten Hits abgespielt und Mutti wurde für die vorher zu machenden Besorgungen im Gogomobil zum Einkaufen geschickt. »Wir sind wieder wer!«, sagten sich die Deutschen, die den Krieg überstanden hatten und die bald einen besseren Lebensstandard pflegen sollten als jemals zuvor.

Inzwischen – fünfzig Jahre nach dem Wirtschaftswunder – ist bei uns zur Schau gestellter Reichtum als Prunk und Protz verpönt, wobei man darunter heute weder Schrankwand noch Gogomobil fassen würde. Das mag daran liegen, dass wir uns unseren Wohlstand nicht wirklich selbst erarbeitet, sondern zum Großteil von unseren Eltern und Großeltern, den fleißigen Sparern und Nutznießern des Wirtschaftswunders, mühelos ererbt haben, immerhin 100 bis 150 Milliarden Euro jährlich!

Armut wird versteckt, aber Reichtum trotzdem nicht

gezeigt. In puncto Geld gehört Jammern fast zum guten Ton. Wer offen sagt, er verdiene viel und besitze ein Vermögen, dessen Ansehen sackt binnen Sekunden ab. Fast nur noch Migrantensöhne tragen Goldkettchen, fahren ihre High-Tech-Musikanklagen in rollenden Landdiscos der Marke BMW durch die Innenstädte der Provinz und spielen mit gebündelten Geldscheinen lässig Daumenkino.

In den USA, in Südamerika, in Russland und in den arabischen Ländern jedoch wird Reichtum auch weiterhin von der Oberschicht als Insignie des Erfolgs exzessiv präsentiert. Während hierzulande Luxusartikel vornehm zurückhaltend hinter tiefroten Samtvorhängen im versteckten Separée präsentiert werden, scheuen sich amerikanische Handelsketten nicht, ihre Kataloge für Luxusartikel als Wurfsendungen an die Haushalte der Upper-class zu verschicken.

»Christmas Book« nennt sich der 150 Seiten starke Bestellkatalog der amerikanischen Nobel-Kaufhauskette *Neiman Markus,* in dem, wie der Name schon sagt, Weihnachtsgeschenke der besonderen Art angeboten werden: Wer mag, bestellt ein Original Burberry London-Taxi für 58 900 Dollar. Für zehn Millionen Dollar bekommt man sogar ein deutsches Markenprodukt, einen echten Zeppelin, für den man allerdings erst Platz in der Garage schaffen muss. Wer sich lieber an Immateriellem erfreut, kann einen Auftritt in der legendären Musikhalle »Grand Ole Opry« in Nashville/Tennessee erstehen. 25 000 Dollar kostet der Spaß, allerdings darf man für dieses Geld nicht laut singen. Lediglich ein Platz in der Band ist dafür vorgesehen und eine Stunde Musikunterricht, zum Beispiel an der Gitarre. Der teuerste Artikel in der Geschichte dieses Bestellkatalogs war 1998 ein Boeing-

Business-Jet für schlappe 35 Millionen Dollar. Dagegen ist das »Valentino-Paket« ein wahres Schnäppchen: 325 000 Dollar kostet das handgearbeitete Kleid aus brauner Seide und fließendem Chiffon mit paillettenbesetztem Stufenrock und tiefem Rückenausschnitt. Die Anprobe im Hotel Ritz Paris und ein Champagner-Rendezvous mit Modeschöpfer Valentino Garavani höchstpersönlich sind im Preis inbegriffen.

Die »Millionaire fair«, also eine Millionärsmesse im elitären Einkaufszentrum Krokus City an der Moskauer Ringautobahn, bietet nicht nur Austern, Kaviar und Hummer, sondern auch größere Delikatessen: Cadillac, Bentley und Rolls-Royce, Blüthner-Flügel und edelblütige Achal-Tekkiner-Hengste, Kleider aus Geldscheinen, Hubschrauber und einen Katalog käuflich zu erwerbender Südseeinseln. Ebenfalls präsentiert werden neue Lasertechniken für Haartransplantationen, Ayurveda-Yoga, aber auch bibliophile Kunstwerke, deren Erwerb in Form von Stiftungspatenschaften nebenbei zu einer Art kulturellem Adelsstammbaum verhilft.

Die teuersten Einkaufsstraßen der Welt finden sich in New York (5th Avenue), in Hongkong (Causeway Bay), in London (Bond Street) und in Paris (Champs Élysée oder Faubourg St. Honoré). Aber auch ein Jagdzug über den inzwischen nicht mehr ganz so schnieken Berliner »Kudamm«, die Düsseldorfer »Kö«, den Hamburger Jungfernstieg plus Hinterhäuser oder die Münchner Leopoldstraße kann fette Beute bringen, wenn die Kreditkarte es erlaubt.

Eine Nacht in der Präsidentensuite im Hotel Adlon in Berlin kostet 9500 Euro, die Flasche Petrus (ein Bordeaux) aufs Zimmer dagegen nur 5200 Euro. Die teuerste Badewanne der Welt heißt »La Scala«: In die Sprudelwanne ist ein 43-Zoll-Plasmabildschirm mit DVD-Player und Dolby-Surround-Anlage eingelassen. Kostenpunkt: schlappe 29 870 Dollar. Die angeblich teuerste Hautpflege der Welt gibt es im Berliner KaDeWe, heißt »The Essence« und enthält handgeernteten (!) Seetang und »magnetisiertes Turmalinwasser«. 2100 Euro sind für so viel Exklusivität sicher nicht zu viel verlangt. Und wem seine handelsübliche Computermaus zu simpel ist, der kann ein Model des Designers Felix Bopp erstehen: Aluminium, Glas und naturbelassenes Rindsnappaleder werden in Handarbeit zu einer Maus verarbeitet. Zu bezahlen sind dafür etwa 1500 Euro.

Solche Dinge braucht kein Mensch. Definitiv niemand. Es sei denn als Statussymbol. »Genau deswegen kann ich darauf verzichten«, wird jetzt vielleicht so mancher von Ihnen murmeln – und sich irren. Niemand von uns kann darauf verzichten!

STATUS-TIPP

Gönnen Sie sich auf der Geschäftsreise ein teures Hotel oder laden Sie Ihre Kunden zu einem edlen Essen ein, um zu demonstrieren, dass Sie sich derlei aufgrund Ihres Erfolgs leisten können.

Gerade die Statussymbole aus der Tugend-Kategorie *Erfolg* sind unverzichtbar. Denn mit erfolglosen Menschen will nun wirklich niemand irgendetwas zu tun haben. Genau das ist ein Kern-Problem der vielen Arbeitslosen: Neben all den materiellen Sorgen – das Leben auf Hartz-IV-Niveau geht nur von der Hand in den Mund und ist definitiv kein Zuckerschlecken – quält sie ihre gesellschaftliche Wertlosigkeit. Ein fester Job wäre der

Beweis für ihren persönlichen Erfolg und würde zurück in die inoffiziellen Clubs der Bürgerlichkeit führen. Da helfen auch Ein-Euro-Jobs nichts, denen man allzu oft anmerkt, dass sie in der Hierarchie der Joblandschaft nichts wert sind. Schließlich handelt es sich hier per Definition um Arbeit im gemeinnützigen Bereich – und die hat nach herrschender Auffassung mit »richtiger« Arbeit reichlich wenig zu tun, so wichtig sie für das Funktionieren der Gesellschaft auch ist. So bekommt der Ein-Euro-Jobber also doppelt zu spüren, wie wenig er zählt und die Gesellschaft für ihn zu zahlen bereit ist.

Die Festanstellung ein Status-Symbol? Selbstverständlich! Immer mehr Arbeitnehmer hangeln sich von Zeitvertrag zu Zeitvertrag und können niemals sicher sein, ob und wie schnell sie danach eine neue Stelle finden werden. Wie ein Sechser im Lotto ist eine Festanstellung auch für viele Uni-Abgänger. Die »Generation Praktikum« versucht ihren Einstand ins Berufsleben angesichts der schlechten Wirtschaftslage mit mies bezahlten Praktika – und kann froh sein, ein oder zwei Jahre nach Studienabschluss im ersten »richtigen Job« mit Vertrag, Urlaubsanspruch und halbwegs akzeptablem Gehalt angekommen zu sein.

Wie wichtig eine geregelte Berufstätigkeit ist, offenbart sich auch in jedem der hunderten Bewerbungsratgeber. Das Thema »Lücke im Lebenslauf« ist so heikel wie zentral: Wie soll man damit vorteilhaft die eigene Karriere darstellen? Wie soll man belegen, dass man für den nächsten Job geeignet ist? Wer wahrheitsgemäß hinschreibt »1998–2001 arbeitslos«, kann gleich einpacken. So eine Formulierung ist das Synonym für »erfolglos«. Selbst die in PR minderbegabten Berater in den Arbeitsagenturen empfehlen ihren Schützlingen, stattdessen eine Formulierung wie »Orientierungsphase« zu wählen. Schicker klingt natürlich »freiberufliche Tätigkeit« oder »Selbstständigkeit«, mancher liebäugelt schon mit dem Trendbegriff: Sabbatical.

Der Wort »Sabbatical« stammt aus dem Zweiten Buch Mose: »Sechs Jahre sollst du dein Land besäen und seine Früchte einsammeln. Aber im siebenten Jahr sollst du es ruhen lassen«. Flexible Arbeitszeit, eine Auszeit nehmen und eine Weltreise machen, eine Burn-out-Prävention oder Weiterbildung. Vielleicht gibt es auch uneigennützige Motive und man will sich um die Kinder oder die kranken Eltern kümmern, womit man in der Kategorie *Gemeinsinn* punkten könnte, wie wir später noch berichten werden. Wie auch immer – jeder, der sich im Sabbatical befindet, dürfte in einer beruflichen Position stehen, die mit Erfolg und Karriere assoziiert wird. Schließlich muss man sich den Ausstieg erst mal finanziell leisten können – nicht jeder kommt mit der Hälfte seines Jahreseinkommens über die Runden. Oder man hat vorher so viele Überstunden angesammelt, dass man diese abfeiern kann. Oder man ist so wichtig für das Unternehmen, dass man sich über einen Karrierebruch nach der Auszeit keine Gedanken zu machen braucht.

Teilzeitaussteiger oder Müßiggänger auf Zeit. Weit entfernt vom Privatier und doch in hohem Maße privilegiert. Nur fünf Prozent der deutschen Unternehmen bieten ihren Mitarbeitern diese Möglichkeit überhaupt an. In den meisten Fällen handelt es sich bei den Nutznießern um die Führungskräfte von Konzernen, von großen Anwaltskanzleien oder Unternehmensberatungen. Wo also eine zeitweilige Auszeit mit einem schicken Titel zum Joker im Quartettkarten-Set wird, liegt es doch nahe, auch die unfreiwillige Arbeitslosigkeit mit dem magischen Fremdwort zu verhüllen: »Ich bin nicht arbeitslos, nein, ich mache gerade ein Sabbatical.«

Aber natürlich muss man derartige Euphemismen durch gesteigerte Perfektion im sonstigen Auftreten unterstützen. Wer nach einem, sagen wir, »zweijährigen Sabbatical« beim Bewerbungsgespräch im Trainingsanzug aus Ballonseide und Flip-Flop-Latschen aufläuft, kann gleich zu Hause bleiben. Stattdessen sollte man gezielt Statussymbole des Erfolgs einsetzen: Hier könnte – anders als bei Herrn Kleinfeld im Siemens-Vorstand – eine Rolex positive Wunder wirken, erst recht wenn man sie mit einer passenden Anekdote würzt: »Die habe ich bei einem Wettsegeln gewonnen, als ich bei einer Segelregatta im Pazifischen Ozean die anderen Teilnehmer um eine Bootslänge geschlagen habe.« In solchem Licht betrachtet muss die Rolex noch nicht mal echt sein …

Eine zeitweilige »Freiberuflichkeit« muss mit bedeutsamen Zeugnissen der Einsamkeit garniert werden, zum Beispiel einem Golf-Handicap unter 28 oder Ehrenurkunden vom New-York-Marathon. Nur dann lässt sich plausibel erklären, warum man die selbstverständlich eigentlich erfolgreiche Phase wieder gegen eine Festanstellung eintauschen möchte: »Geld allein macht nicht glücklich. Ich bin ein Teamplayer, das habe ich in den drei Jahren gemerkt. Deswegen suche ich neue Herausforderungen gern auch wieder in Festanstellung – mit Kollegen, die mich fordern.«

Und aus der so genannten Orientierungsphase sollte man auch Trophäen der Bildung mitbringen, am besten mit Erfolgssymbolen gespickt: »Bester Abschluss des Aufbaustudiengangs ›Wirtschaftsrecht‹« oder »in drei Monaten den Abschluss eines sonst halbjährigen Ausbildungsganges gemacht« oder Ähnliches.

Luxus gibt es noch im kleinsten Portemonnaie

Statussymbole aus der Kategorie *Erfolg* finden sich in jedem Haushalt. Wer sich ehrlich in seinen vier Wänden umschaut, wird – wenn nicht schon in der Garage – dann spätestens in der Vitrine oder an der Wohnzimmerwand fündig: der Pokal vom gewonnenen Tischtennis-Turnier, das Hirschgeweih von der großartigen Jagd im Winter 1974 oder ein Foto vom Strandurlaub auf den Seychellen – es sind allesamt Statussymbole. Ja, auch Erinnerungsstücke, aber eben Erinnerungen an Erfolge. Zur Schau gestellt, damit nicht nur man selbst sich erinnert, sondern auch Freunde und Verwandte davon Kenntnis nehmen.

Protz und Prunk, Prahlerei und Wichtigtuerei, das sind die verbalen Schmähungen des Erfolgs (der anderen, versteht sich!). Stolz auf eigene Erfolge darf in Deutschland nicht offen zur Schau gestellt werden. Aber mit »Losern« will auch niemand befreundet sein. Es ist ein seltsames Spiel. Denn den Stolz gänzlich aus dem Leben zu verdammen ist nicht nur dumm, sondern schlicht unmöglich.

In Luxusartikeln versteckt sucht er sich seinen Weg. Was dem Mann der rahmengenähte Schuh, ist der Frau die Handtasche. Beide sind geschlechterspezifische Codes, das gilt für die Handtasche umso mehr, sie ist ein Code von Frauen für Frauen. Die Handtasche ist ein ambivalentes Symbol von Nützlichkeit, Überflüssigkeit, Mobilität und Weltgewandtheit. Ein Gegenstand, der wie kein anderer in der Lage ist, die emotionale Bindung mit seiner Trägerin herauszustellen. In Anlehnung an den berühmten Satz Ludwigs XIV. »l'etat c'est moi« lautet die neuzeitlich-weibliche Entsprechung »le sac à main c'est moi«. Die Handtasche als Symbol und Aufbewahrungsort des eigenen Lebens. Das Äußere als Demonstration des Inneren.

Mancher Frau reicht da nicht einmal die Louis-Vuitton-Tasche »Sac Fermoir« mit Kroko-Tragegriff für mehrere tausend Euro. Es muss eine Kelly-Bag sein. Das ist eine trapezförmige Tasche von Hermès, die ihren Namen durch ihre prominente Trägerin Grace Kelly, die Hollywood-Schauspielerin und Frau des Grimaldi-Fürsten Rainier, erhielt. Da Grace Kelly in den 1950er Jahren nicht nur eine Leinwandgöttin, sondern auch eine Stil-Ikone war, stieg urplötzlich die Nachfrage nach dieser Tasche weltweit um ein Vielfaches. Hermès reagierte schnell, steigerte die Produktion und gab dem Modell den Mädchennamen der jungen monegassischen Fürstin Gracia Patricia. Um sich während ihrer drei Schwangerschaften vor den Paparazzi zu schützen und Schnappschüsse ihres gewölbten Bauches zu verhindern, benutzte die Fürstin die Tasche während dieser Zeit hin und wieder auch als eine Art Schutzschild. Heute ist eine Kelly-Bag ein Accessoire von Frauen in den besseren Jahren, also eine altersspezifische Trophäe. Denn eine Kelly-Bag bekommt man geschenkt von dem gut betuchten Mann an der weiblichen Seite.

Kreatives und Progressives überlässt die Frau von Welt bewusst den Jüngeren. Dann ist die Unabhängigkeit (auch von Statussymbolen) längst unter Beweis gestellt. Auf dem Weg in diese Komfortzone des Erfolgs reicht eine Tasche von Fendi, Prada, Tod's, Paul Smith, Hogan, Bulgari, Bottega Veneta oder die »Novak Bag« von Alexander McQueen.

Männer gönnen sich stattdessen teures Technikspielzeug. Die ultraflache Digitalkamera mit 2,5"-TFT-LCD-Monitor und sechsfachem HyPict-Zoom in Silbermetallic war kein Notkauf, auch kein wirklicher Bedarf, sondern ein Griff in die Kiste erlaubter Statussymbole. Denn in dieser – pseudofunktionellen – Form sind Statussymbole erlaubt. Und zwar durch alle gesellschaftlichen Schichten hindurch.

Der alte Opel Vectra wird durch eine »voll geile« Stereoanlage aufgepeppt, Oma bekommt statt Pralinen »Mon Cheri« zu Weihnachten und der chronisch blanke Hartz-IV-Empfänger leistet sich zur Feier des Tages Filterzigaretten statt Bröseltabak – ein bisschen Luxus gibt es noch im kleinsten Portemonnaie. Man gönnt sich ja sonst nichts. Und niemand will leben wie ein Hund.

Die Reichen kaschieren diese Art von Statussymbolen mit Geschmack und Ornament. Ästhetik – oder nennen wir es Design – ist ebenfalls als Statussymbol erlaubt. »Man sollte das Geld benützen, um sich Schönheit anzueignen oder Schönheit zu fördern«, erklärte der Bankier Hans J. Bär gegenüber der *Neuen Zürcher Zeitung*.

STATUS-TIPP

Finden Sie auch in der Luxus-Welt Ihren eigenen Stil. Sich mit namhaften Markenprodukten zu schmücken ist zwar ein sicheres Zeichen von Erfolg, aber mehr Souveränität zeigt, wer darauf verzichten kann – und sich trotzdem Luxus leistet und leisten kann: etwa den teuren handgeknüpften Perserteppich oder die edle Schreibtischlampe aus einer italienischen Designwerkstatt.

Bekanntlich sitzt man auf Designerstühlen nur halb so bequem und zahlt dafür locker das Doppelte. Dass jemand für ein Möbelstück viel Geld ausgibt, weil es schön ist, wird nicht nur gebilligt – »das ist ja keine Prahlerei, das ist Geschmack!« –, es wird sogar gutgeheißen. Das mag daran liegen, dass die Quartettkarte »Designermöbel« nicht nur in der Kategorie *Erfolg* punktet, sondern auch in den Kategorien *Tradition* oder *Bildung* – dazu später. Trotzdem ist festzuhalten, dass Design eigentlich überflüssiger Luxus ist, und damit ein wunderbares Mittel, um den eigenen Erfolg zur Schau zu stellen. Geschmack muss man nicht nur haben, man muss ihn sich erst mal leisten können. Und genau das wird mit jedem Designerstück gut und gern zur Schau gestellt.

Es sind nicht nur die Reichen, die gerne Statussymbole sammeln und dabei ihren Geschmackssinn beweisen: von Möbeln über Kunst bis hin zu Oldtimern oder Rennpferden. Das Sammeln geht auch eine Nummer kleiner. Wobei zu bemerken ist, dass der gemeine »Jäger und Sammler« heutiger Zeit und in unseren Breiten üblicherweise männlichen Geschlechts ist und mit den Sammelobjekten nur vor Gleichgesinnten punkten kann: Zwar mag das Sammeln von Briefmarken durchaus ein teures Hobby sein und in Spezialistenkreisen den Status mehren; für den Ritterschlag zum Statusträger ist es jedoch nicht ausreichend!

Die Spielregeln des Sammelsports sind in jeder Liga die gleichen. Jeder Mann, der früher Fußballbildchen gesammelt hat, kennt die Prinzipien von Kindesbeinen an. Das Ziel ist klar: Das Album auf ehrenvollem Wege zu komplettieren – und zwar als Erster! Ehrenvoll war, wer keine Bilder beim Verlag nachbestellte, was bis zu einer Menge von zehn Bildern theoretisch möglich war.

Ein echter und ehrenwerter Sammler ergatterte die fehlenden Exemplare nur durch Tausch auf dem Schulhof! Keinem anderen Prinzip gehorcht die Anekdote über einen bekannten Sammler. Der fragte einen Freund, ob er ihm noch diese oder jene seltene Vase besorgen könne. Der Freund antwortete stets mit »Ja«. Nach dem vierten »Ja« fragte ihn der Sammler, wie viele er denn besorgen könne? Die Antwort war schnell und bitter: »Alle«. Die Reaktion des Sammlers war eindeutig: »Dann habe ich kein Interesse mehr!«

Zeit ist Geld? Nein, Zeit ist Macht!

Doch nicht nur mit teuren Utensilien kann man Erfolg demonstrieren, auch im Verhalten versteckt sich manches Statusmerkmal, das der ungeübte Betrachter nicht sogleich als solches identifiziert.

Was in früheren Tagen dem König vorbehalten blieb, hat in demokratischen Gesellschaften trotz aller Bemühungen überlebt: das Sprechen in der dritten Person oder der Wir-Form. Nun mag man über die Formulierung »Ein Lothar Matthäus ...«, wie sie der Ehrenspielführer der deutschen Nationalmannschaft pflegte, wenn er über sich selbst sprach, noch schmunzeln. Das viel verwendete »wir« auf deutschen Chefetagen treibt dem ein oder anderen Befehlsempfänger eher die Zornesröte ins Gesicht. Da fallen dann Sätze wie »Warum sind wir da nicht schneller?« oder »Wir müssen da einfach besser werden!« – obwohl das »Wir« ganz schnell unter den Tisch fällt, wenn es um die Umsetzung geht. Hatten die Könige früherer Tage immer von sich selbst gesprochen, wenn sie den Pluralis majestatis verwendeten, haben die

Hierarchie-Fürsten von heute etwas anderes im Sinn: die bewusste Verlagerung von Verantwortung! Wer von »wir« spricht, meint nicht sich, sondern die anderen, wer von »wir« spricht, der befiehlt – wie ein König.

Dazu gehören auch Menschen, die keine Zeit haben, aber wissen, wofür sie keine Zeit haben. Menschen mit bevorzugten Redewendungen wie: »Dafür habe ich nun wirklich keine Zeit!« oder »Okay, Sie haben fünf Minuten!« Menschen, die Prioritäten setzen und Entscheidungen treffen, die Zeit an den richtigen Stellen minimieren, um sich an anderer Stelle freie zu verschaffen.

Kein Statussymbol dagegen ist es, über ein Höchstmaß an freier Zeit zu verfügen. Dabei ist Zeit knapp. Doch in Zeiten, in denen die Ärmsten nichts haben als Zeit, ist es dem Reichen nicht erstrebenswert, einfach nur auf optimale Verwertung derselben zu pochen. Er spart nicht nur seine Zeit, er will auch die Zeit von anderen haben. Wer in der Position ist, andere Menschen warten zu lassen, über anderer Menschen Zeit zu verfügen, der minimiert den eigenen zeitlichen Aufwand und maximiert den seines Gegenübers. Der greift in die Terminkalender und Tagesplanung seiner Mitmenschen ein, der besitzt die Hoheit über möglichst viele Zeitkonten. Zeit ist nicht Geld, Zeit ist Macht. Wer andere ihre Zeit für ihn totschlagen lässt und ihnen nur ein knappes Quantum der eigenen gewährt, ohne dabei in Misskredit zu geraten, der ist das, was wir eine »höher gestellte Persönlichkeit« nennen. Keine Zeit zu haben ist ein Statussymbol par excellence.

Wenn das Oberhaupt der katholischen Kirche, Papst Benedikt XVI., zur Audienz bittet, dann sind die Spielregeln zwischen ihm und seinen Gästen festgelegt. Der Papst gewährt eine Audienz, er ist derjenige, der sowohl den zeitlichen als auch den inhaltlichen Rahmen festlegt. Wer würde den Papst deswegen verurteilen? Schließlich betrachten es seine Gäste als Ehre, überhaupt empfangen zu werden, etwas mitteilen zu dürfen und möglicherweise um Rat und Beistand zu bitten. Es gibt schließlich nur einen »Vertreter Gottes auf Erden«.

Die Freiheit jedoch, sowohl über seine eigenen zeitlichen Ressourcen, als auch über die seiner Mitmenschen bestimmen zu können, ist grundsätzlich bezeichnend für die gesellschaftliche Stellung eines Menschen. Eine Position, die es dem Statusinhaber erlaubt, seinen eigenen Bedürfnissen in weitaus größerem Umfang nachzugehen, als dies seinen Mitmenschen möglich ist. Ein Arzt, der seine Patienten warten lässt, ist mächtiger als ein Hotel-Page, der darauf wartet, einem Gast die Tür aufhalten zu dürfen.

STATUS-TIPP

Jeder ist Herr seiner Zeit. Machen Sie sich bewusst, wann Sie wem Macht über Ihren Terminkalender geben. Auch als Dienstleister müssen Sie nicht jeden Termin möglich machen. »Ausgebucht« zu sein bedeutet oftmals mehr Prestige-Gewinn als Umsatz-Verlust.

Sich nicht festlegen zu müssen, selbst entscheiden zu können, was sich lohnt, wie viel Zeit man in dieses oder jenes investieren möchte, immer die Zügel in der Hand zu behalten, danach streben wohl die meisten Statusinhaber. Flexibilität immer und überall.

Warum sind selbst auf Inlandsflügen die Business-Class-Plätze ausgebucht? Die paar Zentimeter mehr an Beinfreiheit, die paar Minuten, die man eher mit Getränken versorgt wird, und das frühere Aussteigen rechtfertigen doch kaum die Mehrkosten für die knappe Stunde Flugzeit. Das bisschen mehr Komfort und die minimale Zeitersparnis können es doch wohl nicht ausmachen? Nein, tut es auch nicht. Das teuer erkaufte Privileg heißt »gebührenfreies Umbuchen«. Es geht um die Freiheit, selbst zu bestimmen, wann man fliegt. So kann man Professionalität demonstrieren und flexibel in den Flieger steigen, wenn der Termin doch nicht so lange dauern sollte wie gedacht oder – was die Regel sein dürfte – wesentlich länger dauert als angenommen.

STATUS-TIPP

Lernen Sie zu delegieren. Lassen Sie weniger Wichtiges von anderen erledigen, und lassen Sie sich Kompliziertes von Experten abnehmen. Dann können Sie sich selbst auf das Wesentliche und die eigenen Stärken konzentrieren. Wer sich derlei leisten kann, gewinnt an Prestige und Reputation.

Zeit ist Geld? Nein, Geld ist Zeit! Wer Geld besitzt und es sinnvoll anlegt, der kauft sich Zeit. Zeit, die erlaubt, Tätigkeiten nachzugehen, die für wichtiger erachtet werden als andere. Das fängt bei der Reinigungshilfe an und hört beim allumfassenden Beraterstab auf. Alle Tätigkeiten, die nicht selbst erledigt werden wollen, werden von anderen erledigt. Wir haben es mit Menschen zu tun, die auf fast jede Frage mit der stereotypen Antwort kokettieren: »Och, da dürfen Sie mich nicht fragen, darum kümmert sich mein Finanzberater, mein Steuerberater, meine Assistentin.«

Bei dieser Form der selbst gewählten Unfähigkeit, alltägliche Aufgaben bewältigen zu können und gleichzeitig genug Zeit zu besitzen, andere selbst gewählte Dinge tun zu können, geht es nicht nur um die zur Schau gestellte zeitliche Unabhängigkeit. Tatsächlich demonstriert sie die Verwirklichung der kindlichen Allmachtsphantasie, nur das zu tun, was Spaß macht. Nichts sonst.

»Wurzeln und (Wahl-)Verwandtschaft« – Tradition, die zweite Tugend

Es gibt Preiskategorien, in denen der Preis selbst keine Rolle mehr spielt. Wo Menschen sich gegenüber anderen nicht mehr dadurch abgrenzen können, ein wenig tiefer in die Tasche greifen zu können, wo es längst nicht mehr reicht, irgendein Modell des Ford GT 40, einen echten Matisse oder den Bürostuhl »Cloud« von Ettore Sottsass zu besitzen. Es gibt Besseres: Zum Beispiel, wenn der Ford tatsächlich einer von den dreien ist, die 1966 einen dreifachen Sieg im 24-Stunden-Rennen in Le Mans verbuchen konnten. Wenn der Matisse bereits in einer angesehenen Privatsammlung oder in einem führenden Museum hing. Oder wenn der »Cloud« irgendwann jemandem gehörte, der am ganz großen Rad gedreht hat.

Wichtiger als der Besitz ist die Herkunft, die Geschichte, die sich hinter den Gegenständen verbirgt. Diese Kategorie im Status-Quartett kann auch ganz ohne Geld funktionieren – zum Beispiel, wenn man das Glück hat, Dinge mit Geschichte zu erben. Ein Schloss etwa, einen

Adelstitel oder ein Familienunternehmen in – sagen wir – fünfter Generation. Die stärkste Karte, die man als Statusspieler auf der Hand haben kann, ist die Herkunftskarte.

Treffen ein Spieler mit starken Karten in der Kategorie Erfolg und ein Spieler mit starken Karten in der Kategorie Tradition aufeinander, gewinnt in der Regel Letzterer. Denn oft gilt die Devise: je älter, desto teurer! Antiquitäten kosten ein Vermögen, prestigeträchtige Oldtimer selten weniger als ein Neuwagen. Und ein Traditionsunternehmen wiegt schwerer als der Shooting-Star der New Yorker Frischlingsbörse Nasdaq.

Alter sticht Geld. Der »alte Adel« gewinnt gegen den noch so reichen »Neu-Reichen«. Das gilt selbst für verarmten Adel, der sich dann wenigstens in der »Kunst des stilvollen Verarmens« dem aufstrebenden Geldadel haushoch überlegen fühlen kann, wie Alexander Graf von Schönburg, der Bruder von Gloria von Thurn und Taxis, in seinem Bestseller beschrieb.

Unschlagbar, wenn man mit dem Namen Christopher Edward Buckingham auf die Welt kommt. Unübertrefflich, wenn dieser Name mit dem Adelstitel »Earl of« verfeinert werden kann. Unbezwingbar, wenn man als selbiger Christopher Edward Earl of Buckingham das Briefpapier mit Wappen und der Aufschrift »From the Office of Lord Buckingham« bedrucken lässt.

Genau das tat jüngst ein Mann, dessen wahre Identität der Polizei immer noch ein Rätsel ist und der als Lügenbaron dem alten Münchhausen gut das Wasser reichen könnte. Der »Lord of the Lies«, wie ihn die britische Presse betitelte, hatte mehr als zwanzig Jahre mit falschem Namen gelebt. 1983 hatte er die Identität eines Säuglings angenommen, der bereits zwanzig Jahre zuvor im

Alter von nur acht Monaten gestorben war. Unter dem Namen Christopher Edward Buckingham bekam der Betrüger einen britischen Pass, einen Führerschein und eine Sozialversicherungsnummer. Doch damit nicht genug: Um dem Namen einen noch besseren Klang zu geben, verlieh er sich eigens und selbstverständlich ohne jede Berechtigung den Adelstitel und ließ Briefpapier mit dem Familienwappen der Buckinghams drucken – Aufdruck: »Vom Büro des Lord Buckingham«.

Seiner inzwischen geschiedenen Frau hatte er erzählt, er habe das vornehme Internat Harrow besucht und seine Eltern seien bei einem Flugzeugunglück ums Leben gekommen. Seine Kinder Lindsey, 19, und Edward, 17, ahnten nichts; der Sohn glaubte, er werde den Adelstitel später einmal erben, schreibt die *Times*. Im Januar 2005 flog der ganze Schwindel auf, als der selbst ernannte Earl in die Kontrolle britischer Grenzschützer im Hafen von Calais geriet. Den Zollbeamten imponierte er zunächst mit Upperclass-Akzent und vollendeten Manieren. Doch am Ende ließen sich die Bürokraten nicht täuschen: Der Pass war bereits zwei Jahre zuvor bei einem Routineabgleich mit dem Totenregister für ungültig erklärt worden.

Mit Schirm, Charme und Kragenstäbchen kommt man im Vereinigten Königreich weiter als auf dem Kontinent, unkte die *Frankfurter Allgemeine Zeitung* angesichts des britischen »Mystery Man«, dessen schicker Titel und vornehmes Auftreten ihm sogar einen angemessenen Job bei einer Schweizer Versicherung verschafft hatten.

Doch auch in Deutschland ist ein Adelstitel Gold wert: Prinz Jörg Wilhelm Ernst Friedrich von Hohenzollern zu Sigmaringen war auf mancher hochherrschaftlichen Hausparty gern gesehener Gast. Genauso wurde auch Fürst Jörg Alexander zu Sayn-Wittgenstein Berleburg immer wieder gerne eingeladen. Erst in Berlin, dann in Düsseldorf. Der Hochstapler mit dem eigentlich unscheinbaren Namen Jörg D. hatte sich über Monate erfolgreich als Aristokrat ausgegeben, mal mit diesem, mal mit jenem Namen. Ganz im Klischee eines feudalen Lebensstils ließ sich Jörg D. von einem Chauffeur in eleganter Limousine vorfahren, wohnte im Grand-Hotel, bestellte maßgefertigte Schneiderware und bezahlte selbst den Plasmafernseher mit nichts als dem guten Namen. Niemand wurde stutzig, nicht die Düsseldorfer Gesellschaft, nicht die Berliner High-Society. Erst die Kriminalpolizei merkte auf, als Jörg D. Bewährungsauflagen nicht erfüllte, die er sich schon zuvor wegen Urkundenfälschung eingehandelt hatte.

Nur wer etwas über seine kulturelle Geschichte weiß, weiß auch etwas über sich. Der Dichter und Denker Friedrich Schiller war einer, der diese Geisteshaltung stets aufs Neue bezeugt hat. Am 26. Mai 1789 hielt er in Jena seine berühmt gewordene Rede »Was heißt und zu welchem Ende studiert man Universalgeschichte?« Darin erinnert er seine Zuhörer, dass nicht alle in ein zeitliches Vakuum geworfen werden, sondern auf den Schultern ihrer Ahnen stehen: »Selbst in den alltäglichsten Verrichtungen des bürgerlichen Lebens können wir es nicht vermeiden, die Schuldner vergangener Jahrhunderte zu werden; die ungleichartigsten Perioden der Menschheit steuern zu unsrer Kultur bei, wie die entlegensten Weltteile zu unserm Luxus.«

Eine gewisse Art von
Wirtschaftsnoblesse

Adelstitel wirken, auch wenn die Aristokratie schon längst abgeschafft ist. Zwar wissen nur die wenigsten zwischen Baron, Freiherr oder Graf zu unterscheiden – Prinz, König oder Kaiser sind natürlich nicht zu toppen – und das ist angesichts der praktischen Irrelevanz im Alltagsleben auch okay so. Wer allerdings als Boy in einer Nobelherberge arbeitet oder Chef-Protokollantin im Bundestag ist, sollte sich über die korrekte Anrede der verschiedenen Würdenträger informieren. Die Tatsache an sich, dass jemand einen Titel tragen darf, lässt den ahnen- und oft auch ahnungslosen Bürgern meist den Respekt in die Schultern fahren. Fast ähnlich wirkungsvoll sind die Titel der Industriegesellschaft: »Unternehmer in fünfter Generation« oder »Urenkel des Unternehmensgründers« klingt ähnlich schillernd wie »Freifrau von und zu«. Und auch familiäre Verbindungen, wie sie durch Formulierungen wie »Schwager von«, »Gemahlin des« und »gehört zum Clan der« ins Spiel gebracht werden, taugen zum Statusgewinn, wenn die anschließend genannten Namen dem Gegenüber wenigstens bekannt vorkommen. Allerdings setzt diese Art von Wirtschaftsnoblesse voraus, dass das Publikum regelmäßig die

STATUS-TIPP

Stöbern Sie in Ihrer Familiengeschichte und machen Sie sich auf die Suche nach vorzeigbaren Wurzeln. Vielleicht gibt es ja unter Ihren Urahnen schon jemanden, der sich in einem ähnlichen Geschäftsfeld betätigt hat wie Sie. Stellen Sie sich bewusst in eine repräsentative Tradition.

Klatschblätter der Economy liest, etwa das *Manager Magazin,* die *Frankfurter Allgemeine Zeitung* und die *Financial Times*.

Nicht immer muss der gewichtige Name ein familiäres Erbstück sein. Manchmal darf man sich auch einfach so einen neuen, aber traditionsreichen Namen zulegen. Zum Beispiel wenn man Papst wird. Kardinal Joseph Ratzinger verkündete im Anschluss an seine Ankündigung, die Wahl zum Oberhaupt der katholischen Kirche anzunehmen, auch seinen Papstnamen: Benedikt XVI.

Trotz des Entschlusses im Rahmen des Zweiten Vatikanischen Konzils, die heilige Messe zukünftig in der jeweiligen Landessprache zu halten und nicht mehr auf Latein, fühlt sich der »Vertreter Gottes auf Erden« dem lateinischen Sprichwort »nomen est omen« verpflichtet. Bereits die Zahl 16 deutet darauf hin, dass der ehemalige Bischof von München nicht der erste Papst war, der sich für den Namen Benedikt entschieden hat.

Und da die Tradition in der katholischen Kirche eine wesentliche Rolle spielt und Veränderungsprozesse nicht selten mehrere Jahrhunderte dauern können, lag der Verdacht nahe, dass es sich bei dieser Namenswahl weniger um eine spontane als um eine reiflich überlegte Entscheidung handelte.

Mit dem Übergang vom Bruder Joseph zum Nachfolger auf dem Stuhle Petri stellt sich der neue Amtsinhaber in eine besondere Traditionslinie. Eine Linie, die auf etwas zeitlich Vergangenes und doch Unvergängliches hindeutet, etwas, das über den einzelnen Namensträger hinausgeht und doch in engem Zusammenhang mit ihm steht. Etwas, das ihm Kraft geben soll, ihm den Weg weist, aber auch an seine Verantwortung gegenüber der Überlieferung erinnert.

Papst Benedikt XVI. wandert auf dieser Traditionslinie ausgehend von seinen Namensvorgänger Benedikt
XV., der 1914–1922 den Stuhl Petri innehatte und sich
intensiv, wenn auch erfolglos um Frieden zu Zeiten des
Ersten Weltkriegs bemühte, über den Begründer des
abendländischen Mönchtums und Schutzheiligen Europas Benedikt von Nursia bis mitten hinein in die Zeiten
des gesegneten (benedictus heißt ja wörtlich »der Geseg-
nete«) Abrahams, dem Gott Schutz und Zuwendung ver-
hieß und den er als seinen Vermittler für das Wohl aller
Völker eingesetzt hat.

Zwar ist der Begriff »Tradition« in aller Munde, wird
von Politikern, Pastoren, Lehrern und Eltern gern verwendet, aber die philosophische Auseinandersetzung
mit dem Begriff steckt quasi noch in den Kinderschu-
hen.
   Der Philosoph Karl R. Popper sah in einem Vortrag
1948 die Traditionstheorie nicht als Domäne der Philosophie, sondern überwies sie in den Zuständigkeitsbe-
reich der Soziologie. Tatsächlich hat sich bereits der
deutsche Soziologe Max Weber mit der Thematik befasst und Tradition als den Glauben »an die Unver-
brüchlichkeit des immer so Gewesenen als solche« definiert. Wer sich streng traditional verhalte, gerate an die
Grenze des Sinnhaften: »Denn es ist sehr oft nur ein
dumpfes in der Richtung der einmal eingelebten Einstel-
lung ablaufendes Reagieren auf gewohnte Reize.« Schon
der deutsche Naturwissenschaftler, Schriftsteller und
Philosoph Georg Christoph Lichtenberg äußerte sich im
aufgeklärten 18. Jahrhundert sehr kritisch gegenüber

der Tradition: »Der oft unüberlegten Hochachtung gegen alte Gesetze, alte Gebräuche und alte Religion hat man alles Übel in der Welt zu verdanken.«

Auch für den etwas jüngeren Dichter Johann Wolfgang Goethe war Tradition nichts Gutes, sondern ein schweres Erbe, das er mit folgendem Reim bedachte:

Es erben sich Gesetz' und Rechte
Wie eine ew'ge Krankheit fort,
Sie schleppen von Geschlecht sich zum Geschlechte
Und rücken sacht von Ort zu Ort.
Vernunft wird Unsinn, Wohltat Plage;
Weh dir, daß du ein Enkel bist!
Vom Rechte, das mit uns geboren ist,
Von dem ist leider! nie die Frage.

Weil wir uns seit der Aufklärung nicht mehr auf religiöse Autoritäten berufen können, wenn es um die Begründung von theoretischen, praktischen oder gar ästhetischen Fragen geht, werden moderne Gesellschaften gerne als »posttraditional« charakterisiert. Schließlich wird vielfach mit dem Verweis auf Tradition etwas verargumentiert, was rational nicht mehr zu erklären ist. Tradition ist für ein aufgeklärtes Zeitalter also kein schlagkräftiges Argument mehr. Andererseits stellen sich viele Menschen in ihren Äußerungen in die Tradition aufklärerischer Vordenker. Ein Widerspruch in sich?

Wer mit keinem traditionsreichen Namen oder Titel dienen kann, sucht die Nähe zur Wirtschaftselite durch so genannte Business- oder Society-Clubs, derer es zahlreiche und immer wieder neue gibt, aber nur wenige wirklich exquisite. Diese zeichnen sich dadurch aus, dass sie dermaßen elitär sind, dass man nur über persönliche Empfehlung Zutritt bekommt. Geld spielt keine Rolle, wobei der gute Leumund in der Regel erst ab einer bestimmten Vermögensklasse eintritt. Wer die richtigen Freunde hat, darf sich bald »Rotarier« oder Mitglied des »Lionsclubs« nennen. Inhaltlich verbindet die jeweiligen Mitglieder keine fundierte Ideologie – wie man sie etwa von Gewerkschaftern oder Freimaurern kennt –, man trifft sich, man plaudert, hält oder lauscht einem Vortrag, isst und geht wieder auseinander. Manche dieser Vereinigungen geben sich durch karitative oder andere ehrenamtliche Tätigkeiten den Hauch des Sinnvollen, aber auch ohne dergleichen würden die Clubs bestehen können. Die Freimaurer sind christlich motiviert und vielleicht die Einzigen, denen es zuerst um Inhalte und erst dann um Beziehungen geht.

Die so genannten »Baden-Badener« besuchen drei Wochen lang eine Art Crashkurs in Unternehmensführung, in dem sie nichts lernen, was man nicht auch woanders lernen könnte – einziger Unterschied: die Seminarteilnehmer. Sie sind extrem gut ausgesucht, quasi handverlesen. Für die »Baden-Badener Unternehmergespräche« (BBUG) gibt es einige formale Kriterien (nicht älter als 50 Jahre, sieben Jahre Führungserfahrung, zwei davon in erster oder zweiter Ebene) und eine Menge Inoffizielles. Vor zehn Jahren waren die Teilnehmer im Schnitt zwischen 45 und 49 Jahre alt und kamen meist aus der zweiten Ebene. Heute reisen immer mehr Mitglieder bereits als Vorstände an, der Altersschnitt liegt bei 43 Jahren.

In jedem Schulungsturnus dürfen etwa dreißig Zöglinge die elitäre Schulbank drücken – jeder Einzelne bekommt nur durch persönliche Empfehlung Zutritt. Sich selbst bewerben? Bloß nicht! Das wäre ein echter Fauxpas und regelrechtes Ausschlusskriterium. Und damit das alles noch exklusiver wird, müssen noch einige tausend Euro an Gebühren geblecht werden. Dafür findet der Unterricht für die Netzwerker dann auch im exklusiven »Palais Biron« statt. Das im 19. Jahrhundert im französischen Stil erbaute Palais liegt in einem rund 30 000 Quadratmeter großen, idyllischen Parkgelände unweit der Baden-Badener Innenstadt und wird als eines der schönsten Tagungshäuser Deutschlands gerühmt. Eine Einladung zu dem Seminar gilt als Ritterschlag – und als Empfehlung für höchste Ämter. Der elitäre Charakter schweißt zusammen – und schafft wichtige Verbindungen für die Zukunft. Seit fünfzig Jahren gibt es diesen Gesprächszirkel für die Jungstars der deutschen Wirtschaft – mehr als 3500 Teilnehmer haben an den inzwischen weit über hundert Baden-Badener Gesprächen teilgenommen. Die BBUG-Generationen werden durchgezählt, und ein Blick auf die Teilnehmerliste beweist die Hochkarätigkeit dieser Einrichtung: Jürgen Schrempp war beim 75. Gespräch, ebenso wie der Allianz-Aufsichtsratsvorsitzende Henning Schulte-Noelle. Bayer-Boss Werner Wenning war beim 87., Siemens-Chef Klaus Kleinfeld beim 111. Gespräch dabei. Nach drei Wochen geht man auseinander, trifft sich aber später jahrgangsweise oder in Regionalkreisen wieder. Jeder Teilnehmer erhält eine Liste mit allen Namen, die ansonsten streng geheim sind. Es ist ein Netzwerk fürs Leben.

Zugehörigkeit zu solchen elitären Zirkeln wird den Eingeweihten gern mit kleinsten Zeichen signalisiert: ein kleiner Knopf am Revers, mal rund, mal eckig, mal ganz aus Gold, mal blau mit goldener Rahmung. Das winzige

Schmuckstück offenbart schon auf den ersten Blick, dass jemand einer Gemeinschaft zugehört – ein genauerer zeigt, welcher.

Eine verschworene Gemeinschaft ist es auch, die sich beim Stichwort »Vintage« viel sagende Blicke zuwirft. Vintage, das sind doch diese zerrissenen Jeans für teures Geld? Na ja, nicht ganz. Das englische Wort meint mehr als das. Ein Blick ins Wörterbuch bietet eine Fülle von Übersetzungsmöglichkeiten, die jedoch in ihrer Gesamtheit eine gute Vorstellung davon vermitteln, was sich unter Vintage verstehen lässt. Da ist von Weinlese die Rede, von Wachstum, von Jahrgang, von Veteranen, von hervorragend, von alt und gut – kurz: von Tradition und Qualität. Eben wie der Vintage Port, der als König der Portweine gilt. Er stammt aus *einer* Ernte und muss nach zwei bis drei Jahren abgefüllt werden, um dann in der Flasche über Jahre und Jahrzehnte seinem Höhepunkt entgegenzureifen. Ähnlich wie diesem »Geist in der Flasche« ergeht es momentan vielen Modemarken, deren Entstehung sich bis zum Ende des 19. Jahrhunderts zurückverfolgen lassen. Die jungen Designer in der x-ten Generation setzen auf das Selbstverständnis früherer Tage und lassen ganz bewusst den »Glamour« dieser Zeiten wieder aufleben. Vintage ist mehr als zerrissene Jeans, Vintage ist ein Bewusstsein und steht für die Renaissance des Bewährten und die Lust am Glamour. So kann man dann auch die 112 000 Dollar nachvollziehen, die Tommy Hilfiger für drei Original-Jeans von Marilyn Monroe samt einem Paar Cowboystiefel ausgegeben hat.

Da immer noch sehr viel weniger Frauen in Machtpositionen sitzen als Männer, wurden in den letzten dreißig Jahren auch zahlreiche Frauennetzwerke gegründet. Sie grenzen sich bewusst von den elitären Old-

Gründen Sie doch einfach einen eigenen Club, und wenn's einer zum gemeinsamen Genuss des Whiskeys oder zur Sammlung nobler Roben der Jahrhundertwendezeit ist. Vielleicht machen Sie ja irgendetwas Außergewöhnliches, üben Ihren Beruf anders aus als andere und finden im Club Mitstreiter für Ihre Belange. Als Gründer gehören Sie automatisch zum Führungskader. Geben Sie dem Club einen attraktiven Namen und ein eigenes Signet, das sich jedes Mitglied gern ans Revers heftet.

Boy-Networks ab, indem sie neue Strategien des Netzwerkens entwickeln und sich bei ihrem Kampf an die Spitzen der Führungsriegen solidarisieren.

Die weltweit größte Frauenorganisation dieser Art ist wohl »Soroptimist International«, eine Vereinigung von über 3000 Serviceclubs berufstätiger Frauen mit insgesamt mehr als 90 000 Mitgliedern in 125 Staaten der Welt. Soroptimist International wurde 1921 in Oakland, Kalifornien gegründet. Der Name ist abgeleitet von »Sorores ad optimum«, frei übersetzt: Soroptimistinnen wollen ihren Zielen bestmöglich dienen, die sind jedoch reichlich vage formuliert: »Verbesserung der Stellung der Frau, hohe ethische Werte, Menschenrechte für alle, Gleichberechtigung, Entwicklung und Frieden« – nichts, wo man(n) nicht dafür sein könnte. Die Clubarbeit schließt parteipolitisches und religiöses Wirken explizit aus. »Soroptimistinnen engagieren sich auch offiziell in Fragen der rechtlichen, sozialen und beruflichen Stellung der Frau, stellen ihr Fachwissen einander und der Gesellschaft zur Verfügung, übernehmen Verantwortung.« Kurz: Auch hier geht's um Treffen, Klönen, Klüngeln. Jede Soroptimistin kann an den Clubmeetings aller Soroptimist Clubs der Welt teilnehmen.

Bei solcher Beliebigkeit der Inhalte in den gängigen Netzwerken versucht mancher bewusst eine ironische Brechung: Walter Famler, Herausgeber der Literarischen Zeitschrift *Wespennest*, und Kurt Neumann, Leiter des Literarischen Quartiers der Alten Schmiede in Wien, haben, um dem konservativen Bildungsbürgertum ihrer Stadt etwas entgegenzusetzen, ein gleichermaßen nahe liegendes wie provokantes Signet für Freunde der österreichischen Gegenwartsliteratur entwickelt: den roten Hammer. In Gold gefasst trägt man das Emblem der literarisch veredelten Alten Schmiede am Revers des Jacketts und signalisiert damit zugleich eine politische Gesinnung und eine literarische Weltbetrachtung.

All-inclusive-Separees und Kontakthöfe der Macht

In etwas gröberer Form kennt diese Art der Markierung einer Gruppenzugehörigkeit der gesellschaftliche Underdog aus seinem All-inclusive-Urlaub in der Dominikanischen Republik: Mit farbigen Plastikarmbändern, die man die gesamte Urlaubzeit am Handgelenk trägt, wird der Tourist nicht nur als solcher kenntlich gemacht und damit von der armseligen einheimischen Bevölkerung separiert, sondern es wird auch offen demonstriert, in welchem All-inclusive-Club er zu Hause ist. Nur am Strand mischen sich die Blauen mit den Roten, dürfen die Gelben neben den Grünen im Wasser planschen. Beim abendlichen Büffet aber trennt sich wieder Spreu vom Weizen – und jeder isst, so viel er mag und kann, aber nur da, wo er hingehört.

Nicht anders funktionieren VIP-Lounges der Upperclass: Wer vom Großsponsor des HSV in die Color-Line-Arena zum Spitzenspiel der Handball-Bundesliga geladen wird, bekommt am Eingang ein entsprechendes Plastikband. Wer Weiß trägt, darf sich seinen Platz auf den besseren Plätzen suchen. Wer Silber trägt, darf obendrein in den vorderen Catering-Bereich, in dem es in der Spielpause Sekt und Häppchen gibt. Und die Gold-VIPs haben freien Zutritt in die obere Etage, wo nur ganz ausgewählten Gästen in Spezial-Lounges vor, während und nach dem Spiel Getränke aller Art und warmes Essen in mehreren Gängen serviert werden. Vordergründig sehen alle dasselbe Spiel. Sport ist eben basisdemokratisch. Beim Drumherum wird aber sauber unterschieden – und Geld allein macht nicht den Unterschied. Hier zählt Zugehörigkeit mehr als jeder bare Euro. Die Zeche zahlt am Ende ohnehin der gastgebende Sponsor.

Als »Woodstock der Konservativen« werden die Bayreuther Festspiele gelegentlich bezeichnet. Nur, dass Bayreuth und Salzburg nicht von verträumten Revoluzzern und Aussteigern besucht werden, sondern als Kontakthöfe der Macht eine geradezu magische Anziehungskraft für Wirtschaftsbosse und Parteikader haben. Wer hierher kommen will, muss Beziehungen haben: Karten werden nicht im normalen Vorverkauf gehandelt. Tickets gibt's nur unter der Hand, unter vornehmer Hand, versteht sich! Schließlich geht es hier nicht um irgendeine »Bückware«. So wurden rare Produkte genannt, die Verkäufer zu DDR-Zeiten ausgesuchten Kunden unter der Ladentheke hervorkramten. Vielleicht ist es ja auch gerade die Knappheit der Karten, die die Wagner-

Festspiele so begehrt macht: Üblicherweise sind diese siebenfach überbucht.

Kanzlerin Angela Merkel, Ex-MG-Chef Kajo Neukirchen oder McKinsey-Berater Herbert Henzler müssen ihre Eintrittskarten nicht per Internet erwerben. Gerhard Cromme, Aufsichtsratsvorsitzender bei ThyssenKrupp, oder Arbeitgeber-Präsident Dieter Hundt hatten sich gewiss auch nicht in die Schlange an der Abendkasse eingereiht. Die Eintrittskarten werden – anders als die Tickets für die Fußball-WM 2006 – nicht demokratisch-willkürlich verlost. Nein, hier kennt man wen, der wen kennt – und der organisiert die Karten. Anders kommt man hier nicht rein. Am besten ist es, wenn man den Bayerischen Ministerpräsidenten kennt. Der hat nämlich direkten Zugriff auf das Kartenkontingent der bayerischen Staatskanzlei. Wer auf dem normalen Weg brav jedes Jahr eine Karte bestellt, muss etwa fünf bis zehn Jahre Geduld haben, bis er Zugang zum Wagner-Spektakel bekommt.

Zum Präsidentenessen im Schloss Bellevue wird man gebeten. Zum Bremer Schaffermahl – dem ältesten Mahl der Welt, das seit 1545 Kaufleute und Reeder alljährlich am Ende des Winters ihren auf Fahrt gehenden Kapitänen gaben und das heute bloße Zeremonie der männlichen Bremer Upperclass ist – wird man geladen. Und selbst für die »Feinschmecker«-Party auf der Frankfurter Buchmesse braucht man eine Einladung. Erst diese Legitimation öffnet einem die Türen zu einem Empfang in die sonst öffentliche Plaza, 49 Etagen unter der legendären Toilette im Commerzbank-Tower. Weder ist der Ort ein Mysterium, noch das Essen spektakulär. Denn für die knapp tausend geladenen Gäste gibt es nur etwa einhundert Sitzplätze – und nur wer sitzt, bekommt serviert. Alle anderen auf den billigen Stehplätzen sind lediglich Publikum. Weil man nichts gezahlt hat, darf man auch nichts verlangen, schaut den anderen beim Speisen zu und freut sich, es immerhin bis an die Bande geschafft zu haben. Hier ist nämlich nichts und niemand käuflich. Hier zählt nicht, was einem geboten wird. Was zählt, ist einzig die Währung Kontakte.

Wie man an diese kommt, darüber rätseln Emporkömmlinge und solche, die es sein wollen, seit Jahren. In jedem Fall ist es ein mühseliges und Jahre dauerndes Unterfangen. Man muss sich hochdienen. Für Abgeklärte ist es ein leichtes Spiel: Das Networking in banaleren Vereinen üben, rechtzeitig die Freunde wechseln und immer auf dem Quivive sein, ob sich nicht auf der nächsten Party, dem nächsten Empfang ein besserer Gesprächspartner findet, der einem die Türen zu besseren Partys und besseren Empfängen öffnet. Wer lieber auf echte Freundschaften Wert legt, kann auf diese »Spielchen« natürlich verzichten. Trotzdem sollte sich jeder der Tatsache bewusst sein, dass Networking zu jedem Job dazugehört, auch ganz ohne jedes Prestigedenken.

Die besten Beziehungen knüpft man bereits in der Jugend. So wurde der »Anden-Pakt« schon 1979 zwischen verschiedenen Mitgliedern der Jungen Union auf einer gemeinsamen Südamerika-Reise der Konrad-Adenauer-Stiftung geschlossen. Damals schworen sich die karrierebewussten Jungmannen, zukünftig weder gegeneinander zu kandidieren noch in der Öffentlichkeit schlecht übereinander zu reden. Angeblich wurde der Pakt auf dem Nachtflug VA 930 von Caracas nach Santiago de Chile geschlossen – bei einer Flasche zollfreien Whiskys. Als Gründungsurkunde diente eine Serviette der Fluglinie Viasa.

Seine machtvolle Kraft entfaltete der Pakt auf magische Weise erst gute zwanzig Jahre später, als die einzelnen Männer als Ministerpräsidenten oder Bundesminister zu Macht und Ansehen gekommen waren: Zu ihnen zählen so schillernde Namen wie Christian Wulff, Roland Koch, Franz-Josef Jung, Friedbert Pflüger, Matthias Wissmann, Wulf Schönbohm und inzwischen auch Friedrich Merz.

Mittlerweile ist der Anden-Pakt laut *Spiegel* zu Deutschlands mächtigster Politloge aufgestiegen. Man munkelt, es handele sich dabei vorrangig um Widersacher der Kanzlerin und man spekuliere im Stillen auf ein Scheitern der kühlen Naturwissenschaftlerin, die bei dem Männerbund nur einmal zu Gast war und mit den »südamerikanischen Vollblutpolitikern« nicht warm wurde. Bis heute ist der Anden-Pakt nicht nur ein politischer Zusammenschluss, sondern auch eine Reisegruppe. Generalsekretär Huck organisiert jährlich wechselnde Ausflüge in alle Welt.

Beim Reisen und im Gebirge finden manche Männer auch erst im fortgeschrittenen Alter zueinander, und doch sind es die Sportarten der Jugend, die sie verbinden: Der »Similaun-Kreis« um den McKinsey-Veteranen Herbert Henzler und Bergsteigerlegende Reinhold Messner ist eine kraftstrotzende Form der Männer-Kumpanei, an der schon Medienmogul Hubert Burda, Postchef Klaus Zumwinkel, Deutsche-Bank-Eminenz Ulrich Cartellieri, Ex-Daimler-Boss Jürgen Schrempp, Linde-Chef Wolfgang Reitzle, Lufthansa-Vorstand Jürgen Weber und wenige andere teilnehmen durften. Die Männer, die beruflich schon manchen Gipfel erklommen haben, gehen auch in ihrer kargen Freizeit zusammen bergsteigen.

Linde-Chef Wolfgang Reitzle, Deutsche-Bank-Chef Josef Ackermann, der ehemalige Metro-Vorstand Wolfgang Urban, Bahn-Führer Hartmut Mehdorn, Allianz-Boss Henning Schulte-Noelle und andere nehmen gern am legendären Doppelgolfturnier von Pula und Canyamal auf Mallorca teil. Und Medienmagnat Helmut Markwort, Zeitungsmacher Hubert Burda nebst Gattin und Schauspielerin Maria Furtwängler oder Formel-1-Manager Bernie Ecclestone lassen sich beim Skirennen auf dem Hahnenkamm in Kitzbühel den Wind um die kalte Nase pfeifen.

Die simple Mitgliedschaft in der Golf-Elite ist mittlerweile nicht nur in den USA schon für Studenten erschwinglich. Der Verein Clubfreier Golfer, kurz VCG, steht für ein Jahressalär von derzeit 220 Euro jedem offen, der weiß, wie man Golf buchstabiert. Zwar muss man für jedes Spiel auf der grünen Wiese das jeweilige »Greenfee« bezahlen, aber wenigstens bleiben einem die sonst üblichen exorbitanten Einstiegskosten für die Mitgliedschaft in einem traditionellen Golfclub erspart. Spielen können sollte man aber in jedem Fall; und ein Handicap unter 36 ist obligatorisch, sonst sollte man gar nicht erst darüber nachdenken, dort sein Netzwerk auszulegen. Rund 35 000 Mitglieder sind auf diese Weise schon zum Golf und womöglich auch zu neuen, Gewinn bringenden Kontakten gekommen. Seine Mitstreiter nach dem Handicap zu fragen ist streng verpönt. Man hat eins, und wenn man mag, erwähnt man es; aber nur, wenn es zur Trumpfkarte in der Kategorie *Dynamik* taugt. Ansonsten ist Golf ein Sport für Wortkarge: Man schweigt, schlägt und sucht.

Elitärer als die inzwischen zum Volkssport heruntergekommenen Sportarten Tennis und Golf ist ganz sicher das Ballspiel zu Pferde. Polo gilt als eine der teuersten

Sportarten überhaupt. Man muss nicht nur perfekt reiten können, sondern auch das komplizierte Regelwerk beherrschen. Und Mitglied in einem Poloclub darf man erst werden, wenn man mindestens vier ausgebildete Polopferde sein Eigen nennt. Und dass Anschaffung, Unterhalt und Ausbildung nicht gerade billig sind, versteht sich von selbst. Gute Spieler besitzen selbstverständlich mehr. Kein Wunder, dass es in Deutschland nur ganze 250 aktive Polospieler gibt – eine überschaubare Menge, wenn es ans Netzwerkeln geht.

STATUS-TIPP

Im Grunde ist es egal, welchem Verein man beitritt – auch bei Hobbys wie Modelleisenbahnbau oder Schmetterlinge-Sammeln kann man interessante Menschen treffen und wertvolle Kontakte knüpfen, auch wenn es ja durchaus prestigeträchtigere Freizeitbeschäftigungen geben soll …

Wer Karriere machen will, sollte also nicht nur fleißig arbeiten, sondern Statuspunkte auch in seiner Freizeit sammeln: Professor Horst Bredekamp rekrutierte Ende der achtziger Jahre die Besetzung für die wenigen wissenschaftlichen Posten am Hamburger Institut für Kunstgeschichte unter den überwiegend weiblichen Studierenden beim Freizeitkicken auf der Moorweide am Dammtorbahnhof. Der »Fußballclub daVinci« wurde zur Kaderschmiede des wissenschaftlichen Nachwuchses, der unter diesen Bedingungen – wen wundert's – vorrangig männlich ausfiel.

Als Männerbund bezeichnet man eine Schwurgemeinschaft von Männern, die konkrete gemeinsame Ziele verfolgen. Das Miteinander in einem Männerbund wird durch feste Rituale und Regeln bestimmt. Häufig gibt es eine hierarchische Ordnung. Die Zugehörigkeit zu dem Männerbund wird oft durch äußerliche Erkennungsmerkmale angezeigt (z. B. Symbole, konkrete Kleidung, Haartracht, Tätowierungen). Frauen sind aus Männerbünden generell ausgeschlossen.

So altbacken der Begriff klingt, so jung ist er in Wahrheit: Er geht zurück auf den Ethnologen Heinrich Schurtz, der in einer 1902 erschienenen Schrift die »Grundformen der Gesellschaft« untersuchen wollte. Seine These: Männerbünde hätten den Prozess der »Kulturschaffung« in Gang gesetzt. Gemeinsam agierende Männer seien als Träger aller höheren gesellschaftlichen Entwicklung zu betrachten, also eine gute Sache. Da Frauen unter starkem Einfluss geschlechtlicher Liebe und der Zuneigung zur Familie und den Kindern stünden, kämen ihnen die rein zwischengeschlechtlichen Geselligkeitsformen zu.

Männerbündlerisches Verhalten erklärte der französische Philologe und Religionswissenschaftler Georges Dumézil als typisches Merkmal der Kultur der indogermanischen Völker. Auch nationalsozialistische Gruppen wie die SA und SS griffen auf diese Idee zurück. Während Schurtz vom »reinen Geselligkeitstrieb« sprach, hatte der Schriftsteller und Psychoanalytiker Hans Blüher eine Erklärung parat: Homoerotische Empfindungen seien für die Entstehung und den Zusammenhalt eines Männerbundes maßgeblich.

In der Geschichte gab es unzählige Gruppen, die als

Männerbünde bezeichnet wurden. Meist waren die Priesterschaften und Kriegergruppen (z. B. Berserker, Drushina, Jomswikinger, Templer und andere Ritterorden), oft auch Händlergemeinschaften (z. B. Hanse, Waräger) männerbündlerisch organisiert. Heute kennen wir Männerbünde vor allem noch als Studentenverbindungen oder als informell organisierte Klüngel-Karriere-Netzwerke. In der feministischen Debatte wird der Begriff »Männerbund« gern benutzt, um die Strukturen zu beschreiben, mittels derer Frauen der Zugang zu Spitzenpositionen von Politik und Wirtschaft verwehrt werden.

Aber es gibt auch Männerbünde mit so herrlichen Zielen wie der von »Schlaraffia«, einer 1859 in Prag gegründeten weltweiten deutschsprachigen Vereinigung zur Pflege von Freundschaft, Kunst und Humor. Dabei wird sowohl der Alltag persifliert als auch durch Vorträge in literarischer und musikalischer Form das Interesse an der Kunst wach gehalten. Eine antiquierte Sprache mit eigenen Ausdrücken für alltägliche Dinge (so genanntes Schlaraffenlatein, zum Beispiel »Schmauchtopf« für Tabakspfeife, »Benzinross« für Auto, »Burgschreck« für Schwiegermutter) gibt dem Bund eine eigene, humorvolle Note. Fragt sich bloß, warum die Männer dabei unter sich bleiben wollen …

Party-Hopping durch exklusive Gästelisten

Netzwerke bilden sich auch durch gemeinsame Dienstleister: Nicht nur die Damen der Oberschicht treffen sich beim Friseur, sondern auch die Herren. So wurde ein Besuch beim Friseur Walter Thomas zur Trumpfkarte im Status-Spiel der bei Coca-Cola beschäftigten Führungsriege. Ein Haarschnitt bei »Thomas Barber Shop« kostet 15 Dollar. Der Laden steht in einem Einkaufszentrum in Buckhead, einer Villengegend im Norden von Atlanta im US-Bundesstaat Georgia. Auf den ersten Blick nichts Besonderes also. Aber wer den Laden betritt, wird an der Wand ein Coca-Cola-Werbeschild entdecken, übersät mit Autogrammen. Die Namen lesen sich wie das »Who is Who« des Limonadenherstellers: Jack Stahn, ehemaliger Präsident und Chief Operating Officer von Coca-Cola, Douglas Ivester, ehemaliger Vorstandschef, Don Keough, Mitglied im Aufsichtsrat ... Als Steve Heyer 2001 seinen Job als Präsident von Coca-Cola antrat, wurde ihm empfohlen, seine Haare bei Tommy schneiden zu lassen – was er fortan auch tat.

Der Berliner Starfriseur Udo Walz mag der deutsche Tommy sein. Ohne ihn geht gar nichts im deutschen Talk-TV. Allerdings kostet ein Haarschnitt bei ihm mehr als 15 Dollar, und es will auch nicht jeder seinen Sonntagabend bei Sabine Christiansen verbringen. Die kann man nämlich auch vor weniger Publikum auf zahlreichen einschlägigen Empfängen treffen, zählt sie doch der *Frankfurter Allgemeinen Sonntagszeitung* zufolge zu den »Top Twenty der Gästelisten«. Dort steht sie neben Ernst August von Hannover und Caroline von Monaco, Karl Lagerfeld, Gloria von Thurn und Taxis, Boris Becker und Steffi Graf, Begum Inaara Aga Khan und eben zwölf anderen, die vermutlich alle auf dieselben Partys gehen.

Da es nämlich zum guten Ton gehört – man könnte sagen, es handelt sich dabei um eine ziemlich starke Status-Quartettkarte –, Prominente auf der Gästeliste zu haben, sind Unternehmen zunehmend bereit, dafür Geld auszugeben. Viel Geld. Und ergo ist Party-Hopping für die eh schon Betuchten zu einem lukrativen Geschäft geworden. 2001 verlangte der schon damals nicht mehr amtierende amerikanische Ex-Präsident Bill Clinton für einen Gastauftritt bei einer Wirtschaftsgala in der Frankfurter Alten Oper 180 000 Dollar plus ein 14-tägiges Europaflugticket. Mit jedem Jahr, das er länger aus dem Amt heraus ist, wird der Preis fallen – bald ist eine Einladung vielleicht sogar für einen deutschen Mittelständler finanzierbar. Deutsche Prominenz kostet – je nach Rang auf der inoffiziellen *Bunte*-Hitliste – in der Regel zwischen 5000 und 20 000 Euro, weswegen normalerweise auch nicht mehr als drei Promis eingeladen sind. Und mehr als drei werden in den Klatschspalten der einschlägigen Zeitungen und Magazine ohnehin nicht erwähnt. Drei prominente Gäste sind Pflicht im Status-Quartett. Ein vierter wäre pure Verschwendung!

So lud die Schaffhausener Uhrenmanufaktur IWC zur zwei Millionen Franken teuren Party nach Genf.

STATUS-TIPP

Werden Sie Gastgeber! Es muss ja nicht gleich eine festliche Gala sein. Bei kleinen informativen Gesprächsrunden mit interessanten Referenten zu spannenden Themen lernt man sich besser kennen als beim Small-Talk auf großen Festen.

Und wer kam? Boris Becker, Cate Blanchett und Oliver Bierhoff – sowie 997 namenlose Gäste.

Ein Treffpunkt der deutschen Wirtschaft sind ganz sicher auch die Weihnachtsfeiern der führenden Werbeagenturen, Unternehmensberatungen, Anwaltskanzleien oder Asset-Manager. Denn auch die richtigen – sprich: besten – Berater zu haben muss man sich leisten können. Eine Zeit lang galt es offenbar unter Politikern als besondere Auszeichnung, auf der Kundenliste von PR-Berater Moritz Hunzinger zu stehen. Mit Hilfe einer gut gepflegten Datenbank vermittelte der Frankfurter Spin-Doctor nichts anderes als Kontakte – zu Journalisten, zu Managern oder auch zu anderen Politikern. Als jedoch an die Öffentlichkeit kam, dass er dafür horrende Honorare bezog und mit dem vielen Geld seiner Politikerklientel nicht nur teure Anzüge kaufte, sondern ihnen gelegentlich gleich großzügige Kredite gab, und in der Folge erst Rudolf Scharping, dann Cem Özdemir und schließlich Walter Döring ihre Ämter aufgeben mussten, zogen sich nach und nach auch alle anderen Kunden von Hunzinger zurück. Dieser lebt derweil als Privatier, sammelt Stühle, verwaltet seine Berliner Immobilien wie die Hackeschen Höfe höchstselbst und trägt sein leeres Aktentäschchen aus gelbem Rindsleder allein zum Vergnügen in Mainhattan spazieren.

Christmas Pudding,
»den auch die Queen bestellt«

Doch selbst wenn man weder Hinz oder Kunz noch irgendwelche Prominenten kennt, kann man in der Tugend *Tradition* zu Punkten kommen. Wer nicht das Glück hat, aus dem Mutterschoß heraus in gut funktionierende Netzwerke zu fallen, und sich derlei erst durch fleißige Kontaktarbeit Knötchen für Knötchen erarbeiten muss, kann versuchen, durch das eine oder andere Accessoire wenigstens die geistige Verwandtschaft mit der Oberschicht zu demonstrieren.

Stilsichere Insignien können beweisen, dass man eigentlich dazugehört, auch wenn man (noch) nicht eingeladen ist. »Die feine englische Art« kauft man zum Beispiel per Katalog bei »The British Shop« in Meckenheim. Bei diesem Handelshaus stammt alles »von den traditionsreichsten Herstellern mit weltbekannten Namen«, ja oft sogar »von Hoflieferanten des englischen Königshauses«. Vornehme Menschen mit britischer Gesinnung und Wunsch nach königlichen Gemeinsamkeiten bestellen die Kaminuhr »English Roses« mit dem original Glockenschlag von Westminster oder Biscuits von Prinz Charles. Natürlich hat der britische Thronfolger die Kekse nicht selbst gebacken, aber sie werden – vermutlich industriell wie andere Kekse auch – im Herzogtum Cornwall gefertigt, dort, wo sich der Prinz für biologisch-organischen Getreideanbau stark macht. Barbour-Jacken gibt es selbstverständlich auch und echte englische Dufflecoats nach »London Tradition«. Die Krönung ist aber natürlich der Christmas Pudding, »den auch die Queen bestellt«.

Stilecht sollte es sein, egal für welchen Stil man sich entscheidet. Es geht nicht darum, den richtigen Stil zu finden, sondern ihn richtig abzubilden. Dabei steht der Anhänger der Avantgarde auf Augenhöhe mit dem Neoklassiker. Ob Bauhaus-Möbel im Konferenzzimmer oder orientalischer Charme in der Business-Lounge; Punkte macht, wer seinen Stil konsequent und authentisch umsetzt. Auf diese Weise kamen auch schon die zeitweilig verpönten Nierentische der fünfziger Jahre wieder zu Ehren und sogar der grelle Look der Siebziger erfreut sich einer Anerkennung als ernst zu nehmende Stilrichtung. Besonderen Wert haben aber nach wie vor die klassischen Antiquitäten. Biedermeier-Sofa und Barock-Schrank schmücken die private Sphäre, der viktorianische Sekretär und die klassizistische Vitrine krönen aber auch die Anwaltskanzlei oder Vermögensberatung.

STATUS-TIPP

Suchen Sie sich eine Epoche der Kulturgeschichte, die zu Ihnen – und möglichst auch zu Ihrem Geldbeutel – passt. Über die Jahre werden Sie auf Messen, im Internet oder auch auf Trödelmärkten Stück für Stück sammeln können. Schon nach kurzer Zeit werden Freunde und Geschäftspartner Sie bei der Sammlung unterstützen, sei es, dass sie Ihnen passende Stücke dazuschenken oder wertvolle Tipps geben. In jedem Fall wird sich schnell herumsprechen, dass Sie einen besonderen Stil bevorzugen.

Wer mehr Geld hat, um Tradition zu (er)leben, kann auch gleich ein ganzes Schloss erwerben. In Mecklenburg-Vorpommern bekommt man Herrenhäuser geradezu nachgeworfen. Doch Vorsicht: Nicht die Anschaffung ist kostspielig, sondern der Unterhalt der nicht nach ökonomischen Kriterien errichteten und die Sanierung der oft heruntergekommenen Prachtgebäude.

Thomas Gottschalk leistet sich so etwas. Der Entertainer der Massen und Experte für Gummibärchen verkaufte sein Anwesen im kalifornischen Malibu und erwarb für knapp vier Millionen Euro Schloss Marienfels.

1860 hatte sich ein Zuckerfabrikant auf einer Klippe oberhalb von Remagen die repräsentative Residenz errichten lassen. Dann gab es wechselnde Besitzer. Als sich 1999 die kasachische Botschaft eine neue Bleibe suchte, wurde der Palast komplett modernisiert. Herausgekommen sind rund 800 Quadratmeter Wohnfläche mit großzügigen Salons, modernem Marmor-Whirlpool, Schwimmbad und Sauna auf einem zehn Hektar großen Anwesen, das seit Sommer 2005 Thomas Gottschalk gehört. Remagens Bürgermeister Herbert Georgi hofft, dass die umliegenden, ebenfalls schönen Residenzen nunmehr von weiteren Prominenten bezogen werden und die Gegend bald zum Kalifornien des Ruhrgebiets aufsteigt.

Ernst Dieter Bösche, der Bürgermeister des in der Nähe von Köln gelegenen Städtchens Gymnich, hingegen weiß, dass nicht aller Möchtegern-Adel die Umgebung nobilitiert: Als 1998 die »Kelly Family« vom Hausboot ans Land übersiedelte und standesgemäß als Gutsbesitzer residieren wollte, zogen sie in das 500 Jahre alte, von Rittern zur Wasserburg ausgebaute Burg-Schloss der Stadt. Man suche Ruhe und Abgeschiedenheit, erzählte die musizierende Großfamilie den Journalisten, die das prompt verbreiteten. Die Fans waren komplett begeistert und fuhren unversehens nach Gymnich, um der geliebten zehnköpfigen Musikerfamilie ein Ständchen zu bringen. Die Fans campierten vor dem Schloss, zertrampelten die Bepflanzungen, hinterließen Müll und Unrat – und bald hatten die Gymnicher Bürger die Schnauze voll von den »Neu-Blaublütern« auf der Wasserburg. Der Protest führte bis vors Gericht, die Kelly Family zog wieder aus – und aller Traditionshabitus war so schnell verflogen, wie er gekommen war.

Wie stark der Nimbus des alten Adels ist, belegte auch ein »Geständnis« des Ex-Beatles Paul McCartney. Er habe sich, so gestand er unlängst gegenüber einem Journalisten, als er erstmals zu viel Geld gekommen war, quasi als selbstbewusster »Neu-Reicher« zuallererst einen Butler zugelegt. Butler, das klinge nach Luxus, langen Ahnenreihen und der guten alten Zeit. McCartney fand es allerdings schrecklich, immer beobachtet zu werden, und entließ den Butler nach kurzer Zeit wieder.

Korrekte Kleidung und Opas olle Omega

Man kann dies belächeln, aber wer sich gar nicht um traditionelle Werte bemüht, kann im Status-Quartett nur bedingt mithalten. Aufsteiger nehmen derlei deshalb sehr ernst und bemühen sich deshalb schon im Kleinsten um möglichst große Noblesse.

Korrekte Kleidung ist das Minimum – und relativ leicht zu erlernen. Wer nicht weiß, welche Krawatte man zu welchem Hemd trägt, wann Nadelstreifen passen und wann Smoking getragen werden muss, welchen Schuh man zu welchem Anlass oder warum man einen Button-down-Kragen nicht mit Krawatte trägt, der kann sich inzwischen aus einer Vielzahl von Beratern professionelle Unterstützung suchen, die ein bisschen mehr als Farbberatung auf dem Kasten haben. Ansonsten hat man in der Welt der Reichen und Mächtigen nichts verloren und wird dort bestenfalls belächelt. Selbst in Benimmfragen gibt es mittlerweile ein breites Erst- oder Weiterbildungsangebot, selbst wenn dabei bedauerlicherweise mit dem Namen »Knigge« Schindluder getrieben wird.

In dieser Status-Tugend kann man auch mit einer Uhr

punkten, sogar mit einer alten: Das *Manager Magazin* guckte im Sommer 2005 einzelnen Top-Managern bewusst aufs Handgelenk und stellte fest, dass VW-Chef Bernd Pischetsrieder und Deutsche-Bank-Boss Josef Ackermann Uhren tragen, die seit Jahren nicht mehr hergestellt werden und heute schon als Antiquitäten gelten. Und auch General-Motors-Veteran Robert A. Lutz trägt seine Porsche-Uhr aus Titan seit über dreißig Jahren, was nicht nur Beständigkeit beweist, sondern auch belegt, wie früh sich ein Manager schon eine teure Uhr leisten kann.

Der Anfänger kramt am besten Opas olle Omega aus der Klamottenkiste im Keller – oder kauft sich zur Not Vergleichbares auf dem Flohmarkt – und garniert das zerkratzte Gerät mit einer statusfördernden Anekdote: »Ich liebe dieses olle Ding. Die Uhr hat nur immateriellen Wert, aber sie hat meinem Großvater gehört, und der hat sie meinem Vater zu [Anlass x] geschenkt, worauf der sie mir ebenfalls zu [Anlass x] geschenkt hat.« Anlass x muss gut ausgewählt sein und am besten auf irgendein altes Familienritual oder – noch besser – eine andere Tugend verweisen.

Insgesamt muss man aufpassen, dass man nicht zu sehr auf die Tugend *Tradition* setzt. Der Kunsthistoriker Wolfgang Ulrich jedenfalls stellte fest, dass sich Top-Manager noch bis in die siebziger Jahre hinein gern vor dem offenen Kamin und holzvertäfelten Wänden fotografieren ließen, inmitten von Antiquitäten, Jagdtrophäen und in Gold gerahmten Gemälden alter Meister. Dieses Ambiente war damals die standesgemäße Umgebung für einen seriösen Bankvorstand, der damit signalisierte, dass er auf eine lang gewachsene Tradition zurückblicken konnte. Würde sich heute jemand in ähnlicher Weise darstellen, gälte er als hoffnungslos altbacken, gegenüber den Neuerungen der Moderne verschlossen und nicht gewappnet für die zahlreichen Innovationen in unserer komplexen Fortschrittsgesellschaft.

Ein bisschen Tradition darf es also bitte gut und gerne sein, aber niemals zu viel des einen. Erneut gilt: Der Mix macht's! Das Beharren und Festhalten an den »guten alten Dingen« muss unbedingt gepaart sein mit dem Willen zu Fortschritt und Dynamik. So wie der Versandhandel »Manufactum«.

Dieser wirbt mit dem Slogan »Es gibt sie noch, die guten alten Dinge!«. Wer bei »Manufactum« kauft, ist nicht etwa altmodisch, er zeigt das aussterbende Bewusstsein für Qualität, auf das Gut, nicht auf das Alt kommt es an. Natürlich haben die guten alten Dinge ihren Preis, wer wäre ernsthaft überrascht, für eine kaltgeschmiedete Schere ungefähr fünfmal so viel bezahlen zu müssen wie für eine formgestanzte aus dem Großmarkt im Gewerbegebiet?

Kaltgeschmiedet oder formgestanzt, macht das einen Unterschied? Natürlich! Auch wenn Sie damit lediglich Ihre Geschenkbänder zer- oder Ihre Milchtüten aufschneiden. Nicht die Funktion steht im Vordergrund – das wäre nun wirklich gewöhnlich –, sondern die Fähigkeit, »sich an Klang und Gang einer perfekt gemachten Schere zu erfreuen – auch dann, wenn man nicht als Schneider stundenlang damit arbeitet. Dazu braucht man wahrscheinlich eine Art Sinnesfreude oder das Faible für etwas technisch richtig Gelungenes. Das ist nix für Funktionspuritaner.« Funktionspuritaner, wie sich das schon anhört. Einen besseren Begriff hätte sich der Gründer von »Manufactum« Thomas Hoof nun wirklich nicht ausdenken können, um uns unsere Entscheidung zu erleichtern, auf welcher Seite wir stehen wollen. Manufactum ist übrigens Lateinisch und bedeutet »handgemacht, handgefertigt«. Traditionell, dynamisch, geschmackssicher und qualitätsbewusst! Ein gutes Blatt fürwahr!

Insofern ist es auch kein Wunder, dass viele Top-Manager ihre Büros mit Bildern der so genannten »klassischen« Moderne schmücken. Möbel aus der Bauhaustradition sind alt genug, um als Tradition wahrgenommen zu werden, als Klassiker aber zugleich modern genug, um immer noch als avantgardistisch zu gelten. Andere tragen einerseits handgearbeitete, dafür aber mit neuester High-Tech-Unterstützung gefertigte Uhren. Das ist dann die symbolische Gratwanderung zwischen biederem Konservativismus und riskanter Avantgarde – und könnte im Status-Quartett vielleicht sogar zum Sieg verhelfen.

»Ich habe Köpfchen!« –
Wissen, die dritte Tugend

»Ich weiß, dass ich nichts weiß«, wusste Sokrates. Und wer das weiß, hat schon die ersten Tugendpunkte in dieser Kategorie gewonnen. So funktioniert es, das »Trivial Pursuit« der Bildungsbürger: Man schmückt sich mit Zitaten, deren Wert erst in zweiter Linie darin besteht, dass sie Kluges enthalten, geht es doch vor allen Dingen darum, dass es ein kluger Kopf ist, der die Zitate kennt und zitiert. »Ich weiß etwas, das du nicht weißt« ist der statusfixierende Kehrreim der intellektuellen Oberschicht. Und wer am Ende sogar weiß, wer 1969 nach Armstrong und Aldrin der dritte Mensch auf dem Mond war (A: John Swigert, B: Charles Conrad, C: James Lovell, D: Fred Haise), hat die Chance auf eine ganze RTL-Quiz-Million.

Die »sympathische Regine«, Fernsehquizkandidatin, hatte auf die Frage von Moderator Günter Jauch keine Antwort, verzichtete auf den Millionengewinn und ging stattdessen nur mit 500 000 Euro nach Hause.

Marlene Grabherr, die erste Kandidatin, die es bis zur Million schaffte, wusste keine Lösung hundertprozentig, verzichtete aber auf keine Antwort, riet und geriet dadurch mit mehr Glück als Verstand ans Ziel ihrer Wünsche. Selbst die alles entscheidende Eine-Million-Frage »Welche beiden Gibb-Brüder der Popband ›The Bee Gees‹ sind Zwillinge? A: Robin und Barry, B: Maurice und Robin, C: Barry und Maurice oder D: Andy und Robin«, beantwortete sie korrekt mit B.

Ihr offensichtliches Glück im Spiel war offensichtlich für den gemeinen Oberlehrertypen, der sich so furchtbar schlau vorkommt und trotzdem oft schon bei der 500-Euro-Frage scheitert. Quizwissen ist eben keine echte Bildung. Und Multiple-Choice-Fragen haben mehr von einer Sonderlotterie mit relativ hohen Gewinnchancen als von einem echten Bildungstest. Denn gäbe es keine vier Antwortmöglichkeiten zur Auswahl, sondern müssten die Antworten allein aus dem Kopf der Kandidaten kommen, würden die allermeisten keine gute Figur abgeben. Dass sich wahre Bildung und ein cleverer Verstand durchaus voneinander unterscheiden, leuchtet ein. So kann man doch schlau sein, also Verstand haben, ohne gebildet zu sein. Oder aber man kann gebildet sein, aber wenig intelligent. Die dritte Tugend *Wissen* ist beides, Verstand *und* Bildung, Cleverness und Gelehrtheit. Und Wissens-Shows à la »Wer wird Millionär?« sind ein gutes Fallbeispiel dafür. Schließlich ermöglicht es gerade das Prinzip des »Multiple Choice«, dass mangelndes Wissen durch scharfen Verstand und Kombinationsgabe ausgeglichen werden. Im besten Fall verfügen Sie natürlich über beides: Bildung in Verbindung mit einem scharfen Verstand.

Bildung erhöht die Aufstiegschancen

Es ist ein schwieriges Terrain, die Tugend Wissen. Wie viele Punkte gibt es für das Große Latinum? Ist es mehr wert, wenn man die ersten Zeilen der Odyssee auf Altgriechisch und in pointierten Hexametern aufsagen kann oder wenn man fließend Russisch spricht? Ist der Jurist schlauer als der Betriebswirt? Ist der Germanist dem Archäologen überlegen – oder ist es gerade andersherum?

Der Wert von Bildung wird heiß diskutiert. Nicht erst seit PISA gibt es ein Ranking, in welchem Bundesland die klügsten Schüler sitzen, über dessen Konsequenzen sich Politiker jeglicher Couleur ihre (dummen) Köpfe zerbrechen.

Trotzdem steht fest, dass Bildung ein Gut ist, ein wertvolles obendrein. Passé die Zeiten, in denen der Klügere immer nachgibt – heute gibt der Klügere vor: was gut und was richtig ist zum Beispiel, was überhaupt zu tun ist und vor allem, was der andere, gemeinhin Dümmere, zu tun hat. Bildung erhöht die Aufstiegschancen – das haben Wissenschaftler weltweit bestätigt. Aber auch: Je schlauer jemand ist, desto größer sind seine Chancen auf Führungsaufgaben. Wissen ist Macht, oder birgt zumindest die Möglichkeit dafür in sich.

Die Klassiker unter den Tugend-Karten der Bildung, die allerdings ohne einen gewissen Verstand wenig nutzen, sind nach wie vor elitäre Internate, renommierte Hochschulen und eine Fülle von akademischen Titeln. Wer auf dem Nobelinternat Schloss Salem in der Nähe des Bodensees Abitur gemacht hat, hat dort nicht nur wertvolle Freunde fürs Leben gefunden (eine Überschneidung mit der Tugend *Tradition*), sondern angeblich auch eine Bildung genossen, die ihn oder sie für Höheres geeignet macht. Davon zeugen prominente Ehemalige wie Golo Mann, Elisabeth Noelle-Neumann, Hildegard Hamm-Brücher, Eberhard von Kuenheim oder August Oetker.

Eine Alternative für die Macher von morgen wären noch Schloss Stein am Chiemsee, Louisenlund bei Schleswig oder der Birklehof im Schwarzwald. Das seit 1534 in einer Klosteranlage untergebrachte Internatsgymnasium Schulpforta in Naumburg/Saale hat unter den politischen Wirrungen der letzten hundert Jahre gelitten und sucht noch den Anschluss an die Bildungselite im Status-Quartett. Wer hier Abitur macht, kann sich immerhin in eine Tradition mit Geistesgrößen wie Klopstock, Nietzsche und Fichte stellen, die hier die Schulbank drückten. Das war's dann aber auch schon in der Bildungswüste Deutschland. Die wahre Elite begibt sich gleich auf Schweizer Internate: Auf das Lyceum Alpinum in Zuoz im Engadin sind unter anderem Gunther Sachs, Ferdinand Piëch und Graf Anton von Faber-Castell gegangen. 35 000 Euro pro Jahr kostet die Ausbildung der intelligenten Oberschicht. Das Institut auf dem Rosenberg in St. Gallen wird von 250 Schülern aus 35

STATUS-TIPP

Man muss nicht gleich die gesamte Schulzeit in Eaton und sein gesamtes Studium in Stanford absolvieren. Machen Sie mit beim Schüleraustausch, nutzen Sie ein freies Fortbildungsangebot oder besuchen Sie zum Beispiel ein Sommerkolleg an einem der renommierten Bildungsinstitute. Egal, wie kurz Ihr Aufenthalt gewesen sein mag – jetzt steht ein großer Name in Ihrem Lebenslauf.

Ländern besucht. Klar, dass hinterher am besten ein Studium an der ebenso renommierten St. Gallener Hochschule ansteht.

Der Schulabschluss ist höchstens ein Viertel der Tugend-Miete. Während für viele Highschool-Absolventen in den USA der Bildungstraum Harvard, Yale oder Princeton heißt, ist der deutsche Abiturient noch auf der Suche nach der richtigen Karriereschmiede. Die Politik arbeitet auf Hochtouren daran, so genannte Eliteuniversitäten einzurichten, die mit amerikanischen Spitzenunis mithalten können.

Bislang aber gibt es nur fachspezifische Unterschiede: Der Ingenieur hat sein Diplom am besten an der RWTH Aachen gemacht, der Tierarzt sollte von der Hochschule Hannover, der Betriebswirt aus Münster oder Mannheim und der Biologe aus Regensburg kommen. Aber selbst das ist noch zu pauschal: So ist man in Erlangen oder Würzburg an der medizinischen Fakultät besser aufgehoben, wenn man später in der medizinischen Grundlagenforschung arbeiten will. An der Universität Heidelberg wird Biologie dagegen auf Englisch gelehrt und damit der Grundstein für eine internationale Karriere gelegt. Je komplexer die Profile werden und die Hochschulen sich ausdifferenzieren, umso schwieriger wird es, den Besuch einer deutschen Hochschule als Trumpfkarte im Quartettspiel zu nutzen. Im Status-Quartett müssen die Karten schnell gezogen und verstanden werden, wenn man mit ihnen einen Stich machen will. Wer erst lange erklären muss, warum sein Blatt aus Trümpfen besteht, muss aufpassen, dass das Spiel nicht schon zu Ende ist, bevor er seinen Vortrag beendet hat.

Also raus in die Welt! Ein zeitweiliger Aufenthalt an

einer Universität im Ausland empfiehlt sich so oder so, schon allein aus anderen Statusgründen, schließlich verlangt auch die Tugend *Weltoffenheit* irgendwann ihren Tribut.

Der Titel wirkt – egal wie viele Buchstaben er hat

Doch auch der Hochschulabschluss allein ist nicht genug. Ob Bachelor oder Diplom, Staatsexamen oder Magister Artium – sie alle werden getoppt durch zwei kleine Buchstaben: Der Doktor-Titel ist die Krönung einer Visitenkarte, erst recht, wenn er im Doppel auftaucht: Dr.-Ing. und Dr. oec. zum Beispiel oder Dr. phil. und Dr. iur. oder noch besser »Dr. mult.« für »multiplex«, also mehrfach Promovierte. Während früher die Ehegattin des Landarztes automatisch mit »Frau Doktor« angeredet wurde, kommt ein doppelpromoviertes Paar heute nicht selten vor. Die Doctores können ihren gemeinsamen Briefkopf für die Arztpraxis mit »Dres. med.« schmücken.

Von einer Frau werden übrigens zum Teil mehr oder wichtigere Titel erwartet als von einem Mann, um auf vergleichbare Positionen zu kommen: Angela Merkel hat promoviert – und zwar nicht im Schnelldurchgang wie Dr. Helmut Kohl, sondern mit aller Mühsal, die naturwissenschaftliche Forschung nun mal so mit sich bringt. Ann-Kathrin Achleitner ist doppelt promovierte Betriebswirtin und Juristin, heute lehrt sie an der TU München, hat ein gutes Dutzend Fachbücher geschrieben und wurde vom Weltwirtschaftsforum in Davos als »Global Leader for Tomorrow« ausgezeichnet.

94

Doch selbst der Doktortitel verblasst, wenn jemand »Professor« ist. Denn der Habilitierte ist auf der wissenschaftlichen Karriereleiter ganz oben angekommen – was denjenigen entgegenkommt, die sich mit dem Professorentitel einer Kunsthochschule schmücken können: Professor Hark Bohm zum Beispiel hat sein Jurastudium nach dem ersten Staatsexamen im Referendariat abgebrochen und sich nicht mehr um wissenschaftliche Forschung gekümmert. Den schicken Titel bekam er als Dozent für Film an der Hamburger Hochschule für bildende Künste, was seinen Wert als Filmemacher nicht schmälert, aber den Titel »Professor« in den Augen anderer Titelträger, die sich dafür jahrelang mit mühseliger Forschungsarbeit den Allerwertesten wundgesessen haben, eigentlich nicht rechtfertigt.

Nicht viel anders Professor Peter Kabel, New-Economy-Star und Vorstandsvorsitzender der später pleite gegangenen Kabel New Media: Er hatte ursprünglich sechs Jahre lang Philosophie und Visuelle Kommunikation studiert, hat sich um Wissenschaft eigentlich nicht weiter gekümmert, bekam aber nach vielen Jahren wechselnden Erfolgs in der Medienwirtschaft 1996 eine Professur an der Hochschule für angewandte Wissenschaften in Hamburg – und wird seitdem Professor genannt.

Den Vorwurf des nicht im Schweiße des eigenen Angesichts und durch viel Forschungsarbeit verdienten Titels kann man auch all denen machen, die sich »Dr. h. c.« nennen. Das Kürzel steht für »honoris causa« und bezeichnet die so genannte Ehrendoktorwürde. Achten Sie einmal darauf, wie viele vermeintliche Doktoren dieses Kürzel tragen, das lässt die Ehrfurcht auf ein gesundes Maß schrumpfen.

Der Titel wirkt. Egal welche Buchstaben voran stehen, das Publikum gerät in Verzückung: Der mutige Hochstapler malt sich dreist irgendwelche Kürzel ans Türschild, in der Hoffnung, dass der uninformierte Laie niemals wagen wird zu fragen. Nichtwissen ist gemeinhin eine Schande.

Wie wäre es also mit einem schmucken »Dof. Br. mun.« oder einem eleganten »Generalass. Sr. Moj.« vor dem banal bürgerlichen Namen? Derlei bedeutet nichts, ist vermutlich auch nicht geschützt und ergo frei verwendbar. Das wäre dann sogar günstiger, als einen so genannten »Promotionsberater« zu engagieren: Der verlangt nämlich von seinen Pseudodoktoranden, die auf seine Anzeigen in großen Fachzeitungen oder im Internet anspringen, fürstliche Entlohnung. Der unkomplizierte Erwerb von Promotionen aller Fachrichtungen steht zur Auswahl, darunter auch solche, die gar nicht existieren. So gibt es bei einer britischen Firma etwa den von einer US-Universität verliehenen »Doktor der Humanphilosophie«, aber auch die Titel »Doctor of Motivation«, »Doctor of Metaphysics«, »Doctor of Philosophy in Religion«, »Doctor of Divinity«, »Doctor of Religious Science« sind an vorgeblich kirchlichen Universitäten zu haben – Hauptsache, der Titel imponiert.

Etwa 300 Doktortitel werden nach Schätzungen des Deutschen Hochschulverbands pro Jahr in Deutschland illegal verkauft. Nur wenige Fälle fliegen auf. 2003 verurteilte ein deutsches Landgericht einen gelernten Handwerker zu fünf Jahren Haft. Er hatte mit gefälschten Titeln in nur anderthalb Jahren über zwei Millionen Euro Umsatz gemacht. Seine Kunden zahlten für seine besondere Dienstleistung bis zu 40 000 Euro. Sie erhielten nicht nur eine maßgeschneiderte Doktorarbeit von »echten« Wissenschaftlern, sondern auch eine hochwertig gefälschte Promotionsurkunde, die selbst Fachleute beeindruckte.

Der Titel »Autor von« ist wertvoller als mancher Adelstitel

Die Alternative zum Titel – aber auch die perfekte Ergänzung – sind Publikationen; dabei ist es egal, ob es sich um Bücher oder um Fachartikel handelt. Hauptsache publiziert. Beim offiziell betriebenen Wissenschaftlerranking ist das übrigens tatsächlich ein ernsthaftes Kriterium, weswegen sich manch ehrgeiziger Professor als Koautor auf jede Diplomarbeit seiner Zöglinge setzen lässt.

Professor Dr. Lutz von Rosenstiel, Professor für Organisations- und Wirtschaftspsychologie an der Uni München, kommt auf diese Weise auf weit über dreißig Bücher. Prof. Dr. Dr. h. c. mult. Heribert Meffert, inzwischen Vorsitzender des Vorstands der Bertelsmann-Stiftung, einst BWL-Professor an der Uni Münster, hat es auf an die sechzig Bücher gebracht, als deren Autor er genannt wird.

Aber auch im Kleinen ist der Titel »Autor von« wertvoller als mancher Adelstitel. Der »gefragte Fach-Autor« ist garantiert kompetent, der »Autor des Top-Titels« auf jeden Fall wichtig und der »Bestsellerautor« hat definitiv Gespür für den Markt.

Vorträge halten, auf Kongressen präsent sein, als Key-Note-Speaker für internationale Veranstaltungen gebucht werden, ist Beweis von Kompetenz. Unternehmensberater Roland Berger ist Mitglied mehrerer Hochschulräte

und -kuratorien sowie Honorarprofessor für Betriebswirtschaft und Unternehmensberatung an der TU Cott-
bus. Er veröffentlichte weit über hundert Fachbeiträge
und ist Autor und Herausgeber mehrerer Bücher zu Ma-
nagement- und Strategiethemen. Nicht nur wegen dieser
Kompetenz könnte man sagen: Er hat's geschafft. Er ist
Tugend-Millionär in dieser Kategorie. Herzlichen Glück-
wunsch!

Was man nicht selbst geschrieben hat, könnte man
wenigstens lesen – jedenfalls eventuell und bei Gelegenheit. In manchen Haushalten gehört die großzügige Bibliothek noch zur besonderen Statusausstattung. Die
zimmerhohe Bücherwand, möglichst mit einer schmucken Holzleiter, ist jedenfalls unter Intellektuellen und
solchen, die es sein möchten, ein Ort des Entzückens.

Doch ob der neue 30-bändige Brockhaus zu mehr taugt
als zu Prahlerei, ist unter Experten mehr als umstritten.
Denn die »300 000 Stichwörter auf 24 500 Seiten in 30
Bänden«, wie die Verlagswerbung stolz verkündet, klingen viel, sind aber in Anbetracht des gigantischen Wis-
sensspeichers Internet geradezu lächerlich. Andererseits
sind etwa siebzig Kilo Papier im heimischen Bücherre-
gal – zum Preis von etwa 2500 Euro – durchaus ein ge-
wichtiges Argument im Status-Quartett.

Wer sich für die digitale Version entscheidet, bekommt
zwar nur wenige Gramm, aber dafür einen Speicher-
Stick mit derselben Infomenge und einen persönlichen
Code, um sich auf der Brockhaus-Webseite jederzeit das
aktualisierte Wissen kostenlos abrufen zu können. Auch
an diesem Beispiel wird deutlich, dass nicht unbedingt
Wissen eine hohe Kunst ist oder Bildung, sondern so cle-
ver zu sein zu wissen, wo was steht – und damit der freie
Zugang zu den Datenbanken. Unter Journalisten wird

beneidet, wer freien Zugang zum *Spiegel*-Archiv hat. In großen Unternehmen kennen nur ausgewählte Mitarbeiter die Passwörter zu allen »Knowledge«-Nischen des Intranets.

Von daher sind öffentliche Bibliotheken eine letzte Domäne der egalitären Demokratie, die sich aber in Zukunft sicher zu einer elitären Quelle für Zahlungskräftige mit Wissensdurst entwickeln wird.

STATUS-TIPP

Um mit dem klassischen Bildungsbürgertum mithalten zu können, braucht es nur wenig: Für »Lesemuffel« gibt es ja das Medium Fernsehen: »Kulturzeit« und »Delta« auf 3sat, »Hart aber fair« im WDR, den Themenabend »Boxen« auf ARTE, »Aspekte« im ZDF oder eine Dokumentation über die »Macht der Päpste« auf Phoenix. Und werfen Sie doch ab und zu einmal einen Blick auf die Top-Titel der »Spiegel-Bestsellerliste«, dann können Sie wenigstens im Name-Dropping bei jeder Diskussion mithalten ...

Es gibt Wichtigeres als Bildung –
Insiderwissen zum Beispiel

Langsam, aber sicher verlassen wir den »Kanon klassischer Bildung«. Denn nicht immer stechen Quartett-Karten dieser Tugend gegen Erfolg und Tradition, auch wenn das Bildungsbürger gern so hätten. Aber Bildung mag ein knappes Gut sein, für die meisten hat es nicht besonders viel Wert. Wissen mag Macht sein, aber nichts zu wissen macht bekanntlich auch nichts. Intellektuelle lieben es, an dieser Stelle einzuflechten, dass eine Gleichsetzung von Verstand, Wissen und Bildung leichtfertig sei und man hier viel genauer differenzieren müsse. Sie haben Recht – und zücken zugleich eine Statuskarte, denn ihre Bildung befähigt sie zu solchen Diskussionen, die dem weniger Gelehrten allzu »klugscheißerisch« daherkämen.

Der Verstand ist die Fähigkeit, Zusammenhänge zu verstehen. Der Begriff ist das Substantiv zu »verstehen« von althochdeutsch »firstân«, im Sinne von »dicht davorstehen«, um zu erkennen und zu begreifen. Der deutsche Philosoph Immanuel Kant unterscheidet zwischen dem Verstand, der mittels der Sinne die Welt erkennen (sehen, hören, riechen, schmecken, tasten) kann, und der intellektuell höher angesiedelten Vernunft, die a priori, also ohne sinnliche Erfahrung, allgemein gültige Urteile und Werte aufstellen kann.

Wissen umfasst laut Brockhaus alle Kenntnisse im Rahmen alltäglicher Handlungs- und Sachzusammenhänge, meint also Alltagswissen. Im philosophischen Sinne ist mit Wissen die begründete und begründbare, also rationale Erkenntnis im Unterschied zu Vermutung, Meinung oder Glauben gemeint. Der Begriff Wissen impliziert in der Regel Wahrheit und kann durch keine Argumentation widerlegt werden, während eine Meinung zwar wahr sein kann, aber diskutabel ist.

Die Philosophie und die Wissenschaftsgeschichte lehrten uns aber, dass wir immer nur »glauben zu wissen«. Zu oft wurden ganze Gebäude des Wissens zum Einsturz gebracht, wenn sich eine neue Hypothese als tragfähiger erwies – bis dass auch dieses vermeintlich gesicherte Wissen durch neue Erkenntnisse in Zweifel gezogen wurde. Und so wird der Zweifel zur wahren Triebfeder neuen Wissens.

Unter Bildung dagegen versteht man seit dem 18. Jahrhundert und den Schriften des deutschen Gelehrten, Staatsmannes und Miturhebers der Universität Berlin Wilhelm von Humboldt das Sich-Bilden einer Persönlichkeit. Nach Humboldt ist Bildung die Anregung aller Kräfte des Menschen, die sich über die Aneignung der Welt entfalten und zu einer sich selbst bestimmenden Individualität und Persönlichkeit führen.

Bildung ist demnach ein langer, komplexer und nie abgeschlossener Prozess, in dessen Verlauf eine selbstständige und selbsttätige, problemlösungsfähige und lebenstüchtige Persönlichkeit entsteht. Bildung kann nicht auf Wissen reduziert werden: Wissen ist nicht das Ziel der Bildung, aber sehr wohl ein Hilfsmittel. Darüber hinaus setzt Bildung Urteilsvermögen, Reflexion und kritische Distanz gegenüber dem Informationsangebot voraus; andernfalls handelt es sich eher um Halbbildung.

Der deutsche Pädagoge und Philosoph Friedrich Paulsen fasst im enzyklopädischen Handbuch der Pädagogik von 1903 den Bildungs-Begriff folgendermaßen zusammen: »Nicht die Masse dessen, was [man] weiß oder gelernt hat macht die Bildung aus, sondern die Kraft und Eigentümlichkeit womit [man] es sich angeeignet hat und zur Auffassung und Beurteilung des ihm Vorliegenden zu verwenden versteht. ... Nicht der Stoff entscheidet über die Bildung, sondern die Form.«

Weil in unserer Gesellschaft Wissen verlangt wird, besteht lebenslang ein äußerer Druck, möglichst viele In-

formationen aufzunehmen. Wissen und Lernen allein ergeben jedoch noch keine Bildung, daher kann auch ein
wissensbasierter Bildungskanon nicht mehr sein als ein
wichtiges Hilfsmittel der Förderung von Bildung.

Wie viel Verstand, Bildung oder Wissen braucht ein
Prominenter? Cora Schumacher braucht nichts dergleichen: »Büchermäßig bin ich nicht so lesetechnisch unterwegs«, sagt sie und schämt sich noch nicht einmal dafür, auch nicht für die Grammatik dieses Satzes. Solange
der dümmste Bauer die dicksten Kartoffeln hat, gibt es
höhere Werte als zum Beispiel den Namen des dritten
Mannes auf dem Mond zu kennen.

Der dritte Mann auf dem Mond hieß – wen interes-
siert das noch? – Charles Conrad. »B« wäre also die rich-
tige Antwort auf die eingangs gestellte Frage gewesen.
Aber was nutzt dieses Wissen, wenn man nicht gerade
Günter Jauch gegenübersitzt? Nichts. Es gibt definitiv
Wichtigeres.

Insiderwissen zum Beispiel, das so richtig wirkt, wenn
man es mit der Tugend-Karte *Verstand* einzusetzen weiß.
Das gibt es nicht nur an der Börse – wo es strafbar ist,
wenn man es nutzt –, sondern auch überall sonst im Leben. Und dort wird es belohnt. Zum Beispiel bei Aldi.

Denn wer sich auskennt – ein Insider eben –, kauft
seinen Champagner für Silvester eben nicht zu überteu-
erten Preisen bei vermeintlichen Gourmet-Geschäften,
sondern zum Schnäppchentarif beim Discounter und
bekommt die gleiche Qualität zum halben Preis. Aber
natürlich muss man wissen, welcher Schampus gut ist

und welcher nicht. Das tun nur die wenigsten – und voilà, da ist sie schon, die neue Bildungselite unter den Konsumenten.

»Ich zahle nur die Hälfte für all die Sachen, weil ich nämlich echte Qualität von Werbung zu unterscheiden weiß!« Derart triumphierend spielen die erfahrenen Quartett-Zocker ihre *Verstand*-Karten aus. Mit Internetadressen wie »kelkoo.de«, »preisvergleich.de« und »günstiger.de« und Reiseführern zu Factory-Outlets bewaffnet, ziehen die superschlauen Schnäppchenjäger durch die Shopping-Savanne und schießen wertvollste Ware, deren günstigen Preis sie jedem auf die Nase binden – ob er's hören will oder nicht.

»Ich bin schlauer als du«, rufen sie mit jeder Quittung in den Mischwald von Luxus und Kommerz. »Lasst euch nicht verarschen«, antwortet das Echo der Werbeindustrie – und der einst so stolze Bildungsbürger bemüht sich verzweifelt um die Wiederherstellung seines Selbstwertgefühls. Was nützt einem alles Latein, wenn andere besser »Werbisch« sprechen – und sich vom Blendwerk der glitzernden Marketingwelt eben gerade nicht beeindrucken lassen? Wahre Kenner brauchen keinen Schulabschluss. Wahre Kenner wissen einfach. Und es gibt viel zu wissen:

Zum Beispiel über Uhren! Zu wissen, worauf es ankommt. Mitreden zu können, wenn Namen wie Audemars Piguet, Breguet, Chopard, Girard-Perregaux oder Jaeger-LeCoultre fallen. Zu wissen, was eine Komplikation ist und warum eine Uhr mit sechs Komplikationen wie die »1735« aus der Manufaktur Blancplain wertvoll ist – nämlich genau 970 000 Schweizer Franken.

Zum Beispiel über Oldtimer: Das Unikat Veritas RS aus den vierziger Jahren oder einen Pegaso Sport- oder

Rennwagen aus den fünfziger Jahren nicht nur zu erkennen, sondern möglichst auch zu besitzen. Oder mit einem Mercedes-300-SL-Flügeltürer die jährlich stattfindende »Mille Miglia« mitzufahren, ein auf öffentlichen Straßen in Italien ausgetragenes Langstreckenrennen für Oldtimer, Start und Ziel in Brescia. Oder wie die Unternehmerin Heidi Hetzer den schmucken Boulevard-Kreuzer »Hispano Suiza« mit handgearbeiteter Alu-Karosserie aus der Pariser Werkstatt Belvalette, Baujahr 1921, nicht nur zu besitzen, sondern auch zu wissen, dass es dieses Auto nur noch einmal sonst auf der Welt gibt – und zwar im Fuhrpark von Fürst Rainier von Monaco.

Zum Beispiel über Füllfederhalter: Zu wissen, woher die besten Geschmeide kommen, nämlich von Montblanc aus Hamburg, Wellendorf zu Pforzheim und von Chopard aus Paris.

Zum Beispiel über Bestecke und Tafelgerät aus der Silbermanufaktur Robbe & Berking aus Flensburg, C.

STATUS-TIPP

Suchen Sie sich einen Bereich, in dem Sie sich richtig auskennen. Das kann genauso die Fußballgeschichte wie das Liebesleben der Maikäfer sein – Hauptsache: Sie beherrschen selbst skurrilste Details aus dem Effeff! Dann ist die einzige Herausforderung fortan nur noch die Kunst, das Gespräch unauffällig auf dieses Lieblingsthema zu lenken, mit dem Sie durch Ihr profundes Wissen alle anderen beeindrucken können. Allerdings sollten Sie Ihre Gesprächspartner selbstverständlich nicht durch fachkundige Monologe langweilen, sondern mit Ihren originellen Kenntnissen zu unterhalten verstehen.

Bechstein-Klaviere oder Segel- und Motorjachten aus den beiden Werften Abeking & Rasmussen in Lemwerder und Lürssen in Bremen-Vegesack. Zu wissen, was daran wertvoll, besser, einzig, also wichtig ist …

Doch jedes profane Wissen verblasst gegenüber wahrer Bildung, wie sie Wilhelm von Humboldt im 18. Jahrhundert forderte, jener Mann, der wie kein Zweiter für die Tradition des Neuhumanismus steht. Jener europäischen Bildungsidee, die neben der karolingischen Bildungsreform und den weiterführenden Veränderungen im Zuge des Humanismus und der Reformation zum dritten Wegweiser der europäischen Bildungsgeschichte wurde.

Der christliche Einfluss, den Karl der Große durch die Vereinheitlichung und Normierung der Sprache (Grundlage war das Latein der Kirchenväter) und den Erlass von Gesetzen, dass in den Klöstern und Bischofssitzen Schulen zu gründen und zu unterhalten seien, gefestigt hatte, war zusehends geschwunden.

Ausgelöst durch die Glaubenskriege und die fortschreitende Emanzipation von kirchlichen Machtansprüchen verlor die religiöse Sinnwelt zusehends an Einfluss. Das Weltbild wurde weniger vom theologischen Deutungsanspruch geprägt, sondern mehr und mehr durch die Naturwissenschaften. Die Ethik erhielt ein neues, ein säkulares Gesicht und gab sich ein ebenso neues, sprich rein philosophisches Fundament. Auch das Lehrpersonal wurde ausgetauscht. Erstmals seit der Zeit Karls des Großen standen nicht mehr Theologen am Katheder. Diese Funktion übernahmen extra für die neuen Schwerpunkte Latein und Griechisch ausgebildete Lehrer – beide Fächer nahmen immerhin die Hälfte der Zeit des gesamten Lehrplans in Anspruch.

Doch ganz so reibungslos stellte sich die Situation für die »Neuhumanisten« nicht dar, galt es doch nicht nur, neue Schulen zu gründen, sondern sich auch die Konkurrenz vom Leib zu halten. Während die Neuhumanisten und ihr geistiger Vater Humboldt mit ihrem Glauben an die Antike eine bewusste und ideale Gegenwelt zum vorherrschenden Nützlichkeitsdenken des 18. Jahrhunderts positionieren wollten, wendeten sich die Philanthropinisten all jenen Fächern zu, die in erster Linie materiellen Nutzen versprachen.

Eine Auseinandersetzung, die zwei Jahrhunderte später dem Ende entgegenzugehen scheint: Wer stritte im Zeitalter der Globalisierung, der immer stärker andauernden Spezialisierung noch ernsthaft für versunkene Stätten und mit Inschriften versehende Ruinen? Was bringen uns tote Sprachen, wenn das »Reich der Mitte« zukünftig den Ton angibt? Sollen wir wie die oberen Tausend New Yorks unseren Kindern ein Mandarin sprechendes Kindermädchen zur Seite stellen, auf dass sie später später mit chinesischen Geschäftspartnern in deren Muttersprache Geschäfte machen können? Was soll es bitte schön nutzen, an idealen, längst vergangenen Gegenwelten festzuhalten, während uns die harten Realitäten alles abverlangen?

Doch siehe da: Wer etwas auf sich hält und es sich vor allen Dingen leisten kann (PISA bewies schließlich auch, dass die Korrelation zwischen sozialer Herkunft und Bildungschance in Deutschland besonders hoch ist), der beschäftigt sich nicht mit profanen Fragen wie der Bereitstellung von ausreichend vielen Computern oder der Einführung von praxisorientierteren Schulfächern.

Wer etwas auf sich hält, der lässt die humanistische Tradition wieder aufleben: Er meldet seine Kinder auf

Privatschulen an, an denen Latein, Griechisch, Musik und Religion eine Selbstverständlichkeit darstellen und Bildung noch in seinem ursprünglichen Sinne als Charakterbildung verstanden wird.

Ein bewusster Gegenentwurf zum Zeitgeist, das bewusste Zelebrieren einer konservativen Haltung, das hohe Lied auf die Zweckfreiheit. Und wo käme dies anschaulicher zum Ausdruck als in der Bemerkung Alfred Herrhausens, dass er gern Philosophie studiert hätte, wenn er nicht Vorstandssprecher der Deutschen Bank wäre!

Noch heute gilt der von der RAF ermordete Topmanager als eine der charismatischsten und integersten Persönlichkeiten der deutschen Wirtschaftsgeschichte. Mit seiner Bemerkung bediente sich Herrhausen im Übrigen eines antiken Topos, der auf eine Begegnung zwischen Alexander dem Großen und Diogenes zurückgeht, wie sie durch Plutarch überliefert ist. Diogenes scheut sich nicht, auf die Frage des Feldherren, ob er eine Bitte habe, diesem zu entgegnen, »doch bitte aus der Sonne zu gehen«, worauf dieser seinen mitreisenden Offizieren eröffnet: »Wahrhaftig, wenn ich nicht Alexander wäre, dann möchte ich wohl Diogenes sein.«

Der Luxus, sich als Vorstandssprecher der Deutschen Bank in die Tonne des Diogenes zu wünschen, war wohl schon immer Ausnahmepersönlichkeiten vorbehalten. Überhaupt die Fähigkeit zu erwerben, zu wissen, wer Diogenes war, scheint jedoch ebenfalls zu schwinden. Das, was vor einigen Jahrzehnten selbstverständlich schien, nämlich die Teilnahme an Bildung, wird zusehends selbst zum knappen Gut, zum postmodernen Luxus.

Die einen sollten endlich ihren Kopf einschalten, die anderen wurden dessen kurzerhand auf der Guillotine beraubt. Es war die Zeit der Revolutionen, der gesellschaftlichen Umbrüche. Die Ständegesellschaft näherte sich ihrem Ende, das selbstbestimmte, freie Wesen Mensch trat auf die Weltbühne, die Vernunft schlüpfte in ihre Kinderschuhe und trat jedem in den Hintern, der in ihren Augen altmodisch, konservativ, rückständig oder spießbürgerlich erschien. Der Königsberger Philosophieprofessor Immanuel Kant hatte für derlei vorwurfsvolle Worte. Selbst-Denken macht schlau. Auf diese einfache Formel könnte man bringen, was Kant den Menschen ins Stammbuch schrieb, damit sie sich endlich aus der selbst verschuldeten Unmündigkeit befreien möchten: »Sapere aude!« Wage es, selbst zu denken: »Es ist so bequem, unmündig zu sein, habe ich ein Buch, das für mich Verstand, einen Seelsorger, der für mich Gewissen, einen Arzt, der für mich die Diät beurteilt, so brauche ich mich ja nicht selbst zu bemühen. Ich habe es nicht nötig selbst zu denken.«

Schlau, schlauer, am schlausten!

Man kann es machen wie die Wirtschafts-Youngsters um die Jahrtausendwende, die angeblich so ganz auf alle Statussymbole verzichten konnten. Wer erinnert sich nicht an den legendären Werbespot, in dem der smarte Vorstandsvorsitzende der aufsteigenden Computerfirma höchstselbst mit der A-Klasse losfuhr, um den Mitarbeitern Abendessen vom Pizzaservice zu holen? »Status – nein danke!«, brüllten die selbstverliebten Popstars der schönen neuen Medienwelt. Aber in Wahrheit übten sie sich tagtäglich beim Armdrücken in der Status-Tugend Verstand. Wer wusste, wohin die Gesellschaft segelte (ins digitale Informationszeitalter), wer wusste, wo es frisches Geld gab (Venture Capital), und wer wusste, was eine Computertastatur mit einem Lottoschein gemeinsam hatte (tippen, einfach nur tippen!), spielte ganz vorne mit in der Endausscheidung der Wirtschaftselite.

Erst war es das Fax, dann das Handy, jetzt ist es Blackberry – irgendetwas wird es morgen sein. Neue Technik zu nutzen oder es schon wieder nicht mehr zu tun, weil es sich als unsicher entpuppt hat – das ist alles nichts als Status-Gedöns einer technikverliebten Welt.

Und das ewige Innovationsspiel einfach nicht mehr mitzuspielen ist die konsequente Gegenreaktion einer ebenso statusfixierten Verstandeselite. »Nein, ich nutze keinen PDA – mein Moleskine braucht keinen Strom, und so finde ich meine Termine einfach schneller« – Statusdeutsch wissensverliebter Aufsteiger.

Eine Krawatte nicht nur zu tragen, sondern auch zu wissen, welche verschiedenen Knotentechniken es gibt, welche Traditionen und Kulturen dahinter stehen und seit wann man in Westeuropa überhaupt Krawatten trägt und warum – nichts als Status-Gehabe!

Statt Kaffee aus der Thermoskanne lieber Tee zu trinken, und zwar nicht einfach »schwarzen« oder Kräutertee, sondern weißen Tee aus China, japanischen Sencha oder indischen Chai-Tai, und dann darüber zu reden wie andere über Wein … – Status-Gehabe pur!

Seinen Gästen Kaviar zu servieren, aber natürlich nicht irgendeinen, sondern Beluga-Kaviar, am besten zusammen mit eiskaltem Wodka, den Unterschied zu kennen zwischen Zucht- und Wildkaviar, Lachs- und Forellenkaviar von echtem Kaviar unterscheiden zu können – noch und noch Status-Gehabe!

Kenner wissen das zu schätzen, keine Frage. Wissen ist etwas Wunderbares – ohne Worte! Nichts ist schöner, als jemandem zu begegnen, der sich leidenschaftlich für ein Thema begeistert, der stundenlang und ohne zu langweilen von diesem oder jenem plaudern kann. Experten sind ganz gewiss die Krönung der Schöpfung, eben drum bewundern wir sie – und wünschen uns insgeheim selbst einer zu sein.

Der erfolgreiche Manager kennt sich aus mit Balanced Scorecard, Business Reengeneering, Lean Business Systems und Point Kaizen. Er liest Jack Welch – im Original, versteht sich – und hat Tom Peters im Regal stehen. Er abonniert *Handelsblatt*, *Financial Times Deutschland*, *Manager Magazin*, *Wirtschaftswoche*, *Capital* und *Impulse*, Fachzeitschriften sowieso. Und wenn er so gar keine Zeit zum Lesen hat, dann nutzt er den Service von get-abstract.com und lässt lesen – denn dort kann man sich die Zusammenfassungen der neuesten Wirtschaftsbücher einfach herunterladen.

Niemand entkommt diesem Standesspiel »schlau, schlauer, am schlausten«. Wer sich mit dem – durch weißes Design herausgehobenen – i-pod durch das Gedränge über die Buchmesse schiebt, signalisiert gegenüber den verstaubten Buchfetischisten pure Überlegenheit. Wer mit Bleistift und Notizblock zwischen Laptop-Pianisten in der Flughafenlounge sitzt, demonstriert dasselbe. »Ich weiß es besser«, heißt die Botschaft.

So wie der, der die Antwort auf die eingangs gestellte Frage nach der Nummer drei auf dem Mond eigentlich nicht weiß, aber im Ausschlussverfahren ermitteln kann. Der, der sagt: John Swigert kenne ich, James Lovell kenne ich und Fred Haise kenne ich. Alle drei waren Astronauten der Raumfähre Apollo 13, die zu kennen für ihn selbstverständlich ist. »Der Einzige, den ich nicht kenne, ist Charles Conrad – das muss der dritte Mann sein …«, grübelt er und entscheidet sich für »B«. Er weiß es besser, viel besser. Die Karte sticht!

»Ich habe Körper und Sexappeal!« – Dynamik, die vierte Tugend

Jeder zehnte Deutsche legt sich auf die Sonnenbank. Mancher nur nach einer schweren Grippe, um wieder ein bisschen Farbe und Lebenskraft auf die bleichen Wangen zu bekommen, andere regelmäßig, um den eigenen Hauttyp durch leichte oder weniger leichte Tönung zu »veredeln«. Wieder andere gehen nur vor dem Urlaub ins Solarium, um die Haut frühzeitig an die Sonnenstrahlung zu gewöhnen.

Es gab Zeiten, da war es ordinär, einen dunkleren Teint zu haben. Kalkweiß war en vogue, nicht kakaobraun. Sonnengegerbt war zwangsläufig, wer wie die Bauern seinem Tagewerk im Freien nachging und keine Hand freihatte, um sich mit einem allseits mitgeführten Sonnenschirmchen vor proletarischem Teint zu schützen. Doch die noble Blässe, wie sie am französischen Hof um etwa 1700 das absolute Nonplusultra war, ist heute out. Mehr als out. Wer blass ist, ist krank und auf jeden Fall erfolglos. Das mag mit der Auflösung der traditionellen Ständegesellschaft zu tun haben oder damit, dass heute die meisten Menschen ohnehin in geschlossenen Räumen arbeiten und dieses Differenzierungsmerkmal nicht mehr taugt.

Angeblich – so haben jedenfalls die Forscher der Solarien-Verbände herausgefunden – stellen Chefs lieber braun gebrannte Personen ein. Das erklärt, warum auch Männer sich vom Besuch eines Solariums an erster Stelle Prestigegewinn erhoffen. Sie wollen der Umwelt Erfolg demonstrieren – und Sexappeal und Sportlichkeit. Auch Frauen geht es darum. Und beiden Geschlechtern geht es um den Genuss von Wellness. Sie suchen Wohlbefinden und schreiben den Sonnenstrahlen eine belebende Wirkung zu.

Ob mit oder ohne Solarium, Bräune ist eine Frage des Status. Anerkennend wird nach dem Sommerurlaub von allen Kollegen die vermeintlich gesunde Gesichtsfarbe bewundert, wenngleich sich nicht nur die Frauenzeitschriften mit warnenden Hinweisen vor Hautkrebs und schnellerer Alterung der Haut überschlagen. Trotzdem gibt es gibt eine ganze Industrie, die davon lebt, dass Bleichgesichter Rothäute sein wollen, und die die Wirkung von Solarien verharmlost.

Geht es um Schönheit? Um vermeintliche Natürlichkeit? Um Wildheit? Um das Animalische? Es sei das Tier im Menschen, das sich beim Thema Hautfarbe Bahn breche, meinen die Zyniker und verweisen zugleich auf andere »wilde Schönheitsflecken« wie den Dreitagebart, mit dem Männer sich als moderne Großstadt-Cowboys inszenieren, oder Menschen beiden Geschlechts sich in die enge Jeans zwängen. Es ist eine Art romantische Naturverbundenheit, die hier zur Schau gestellt wird. Die Sehnsucht nach einer Wildnis, in der man es nicht nur

»hier« (deutet an die flache Stirn), sondern auch »hier« (deutet auf den markanten Bizeps) hat. Da hat man es auch heute noch gern:

Der moderne Angestellte geht nach Feierabend oder in der Mittagspause ins Fitnessstudio zum Krafttraining. Während Frauen bei spezieller »Bauch-Beine-Po«-Gymnastik versuchen, überflüssige Pfunde abzutrainieren und eine perfekte Silhouette zu erlangen, arbeiten Männer hart an ihrer Muskulatur. Das Krafttraining dient nicht dazu, tatsächlich im Alltag irgendwelche Gewichte heben zu können – den Bierkasten schafft man in der Regel auch ohne größere Kraftanstrengung –, es dient allein der Ästhetik. Man will gut aussehen. Das fängt mit der Körperpflege, der Frisur und der Maniküre an, geht mit Sonnenstudio, Diäten und Bodybuilding weiter und hört bei Schönheitsoperationen nicht auf.

STATUS-TIPP

Achten Sie auf Ihr Äußeres. Zwar können Sie grundsätzlich nichts an Ihrer körperlichen Grundausstattung ändern, aber durch Körperpflege, Kleidung oder Accessoires können Sie bewusst Ihr Erscheinungsbild beeinflussen und Akzente setzen – in puncto Status-Quartett ein absolutes »Muss«!

Die Kosmetikindustrie freut sich: Die Gesichtspflege für Männer boomt. Rasiergel, Gesichtspeeling, Augengel und Pflegeserum gibt's jetzt von Herstellern wie Shiseido, Clinique oder Declaré endlich auch für den Mann. Auch das Online-Magazin *Manager's Health* widmet sich nicht nur Fragen der Gesundheit, sondern zudem der Optik: etwa mit einem Special zum Thema »Nasenhaare«. Die haben manche Männer nämlich mehr als Haare auf dem Kopf.

»Einmal Fett absaugen und Silikon-Waschbrett implantieren, bitte!«

Hatten sich vor – sagen wir – fünfzig Jahren die Industrie-Direktoren noch mit einem gemütlichen Wohlstandsbauch geschmückt, so darf die Führungskraft von heute möglichst kein Gramm Fett auf den Rippen tragen. Was nicht ganz leicht ist, sind doch gerade die Repräsentanten aus Wirtschaft und Politik permanent bei irgendwelchen Dinners, Geschäftsessen und Finger-Food-Empfängen eingeladen. Sie, die es so weit geschafft haben, müssen es nun auch schaffen, Nein zu sagen – und zwar zu den allerfeinsten Leckerbissen. Keine leichte Übung, wie sich auch an der Jojo-Figur des ehemaligen Außenministers Joschka Fischer zeigt. Sein Scheitern feierte er dann jedoch mit exzessivem Lauftraining und erfolgreich absolvierten Marathonläufen, was wiederum seine starke Persönlichkeit unterstrich.

Abspecken. Wem das gelingt, ist ein Held unserer Überfluss- und Übergewichtsgesellschaft, in der – laut Statistischem Bundesamt – bereits jeder Zweite übergewichtig ist. Wenn Dicksein ein Massenphänomen ist, dann muss die Elite freilich schlank sein. Denn es ist immer das angesagt, was für wenige erreichbar ist: Blässe und Wohlgenährtheit im 18. Jahrhundert, Bräune und gestählte Körper heute. Schließlich neigen die finanziell schlecht Ausgestatteten und Unterprivilegierten heute verstärkt zu ungesundem, dick machendem Junkfood und schlagen sich die Bäuche mit billigem Toastbrot und Dosenwurst aus dem Discounter voll.

Erfolgreiche Männer haben keinen Bauch oder höchstens einen Waschbrettbauch. Und den kann man sich auch »einbauen« lassen, am besten gleich in einem Abwasch: »Einmal Fett absaugen und Silikon-Waschbrett implantieren, bitte!«

Dass derlei Schönheitsideale zwar im allgemeinen Wellness-Trend liegen, aber keineswegs gesund sind, zeigt allein schon die wachsende Zahl von Magersüchtigen, Bulimie-Erkrankten und anderen Essstörungen – und zwar inzwischen auch verstärkt bei Männern. Doch der fanatische Schlankheitswahn mag bei Diana noch für Schlagzeilen gesorgt haben, als die Prinzessin vor laufender Kamera zugab, ihre Mahlzeiten regelmäßig in die Kloschüssel zu erbrechen. Mittlerweile aber taugen solche Geständnisse von Schwäche und Status-Erschöpfung nicht mehr zur medialen Nachricht. Sie sind banal geworden. Außerdem hat schon längst eine neue Spielrunde im Status-Quartett begonnen. Schlank sein allein reicht nicht mehr, auch im Beauty-Contest der Erfolgreichen gilt die alte Schlachterfrage: Darf's ein bisschen mehr sein?

Schönheitsoperationen waren vor wenigen Jahren noch Lieblingsthema der auf Skandale spezialisierten Boulevardmedien. Inzwischen zählen sie ebenfalls fast schon zum Standard. In Deutschland lassen sich jährlich 30 000 Männer aus ästhetischen Gründen operieren. Es geht um Segelohren, schiefe Nasen und Fett; bei Männern ab 45 Jahren werden gern auch Falten und Hängebacken geliftet. Und das ewige Thema Haare: Im Kampf gegen zu wenige auf dem Kopf helfen Toupet oder besser noch Haar-Transplantationen. Im Gegenzug wird Lasertechnik eingesetzt gegen zu viele Haare auf der

Brust. Und auch Penisvergrößerungen gibt es nicht nur als Spam-Mails im Internet, sondern auch in der Realität.

Auch Frauen lassen sich operieren, häufiger noch als Männer. Hier wäre es allerdings interessant, herauszufinden, inwiefern sich Karrierefrauen von den klassischen Sex-Bömbchen unterscheiden. Leider werden darüber keine Statistiken geführt. Aber wenn man Frauen in Führungspositionen betrachtet, ahnt man, dass es hier wie bei den Männern ebenfalls um Fettabsaugen und Faltenstraffen geht, vielleicht auch um krumme Nasen, zu schmale Lippen und hängende Augenlider. Jedoch lassen sich vermutlich Karrierefrauen eher ihren Busen verkleinern als vergrößern.

Warum? Zu viel Weiblichkeit in der Optik – so jedenfalls das weit verbreitete Urteil – schadet dem Eindruck der Kompetenz. Imageberaterinnen jedenfalls empfehlen berufstätigen Frauen, beim Dress-Code im Job auf Leder, Pelz oder Ähnliches zu verzichten. Diese Stoffe stünden für Sexappeal und weckten nicht die Gesprächsbereitschaft, sondern höchstens den Jagdtrieb der Männer. Nicht umsonst greifen Karrierefrauen heute verstärkt zum Hosenanzug und lassen das Kostümchen im Kleiderschrank hängen.

Im Gegensatz zu Businessfrauen dürfen, ja müssen Männer wild und leidenschaftlich sein, wenn sie was zählen wollen. Diese Wildheit drückt sich allerdings nur bedingt in der Kleidung aus, denn den Herren wird durch einen sehr reglementierten Kleider-Code wenig Spielraum gelassen. Ein Anzug ist ein Anzug ist ein Anzug, möchte man mit Gertrude Stein rufen, wenngleich natürlich ein Maßanzug etwas ganz anderes ist.

Im Mittelalter galt Schönheit als »Glanz der Wahrheit«, eine Eigenschaft von Gedanken, die von deren Übereinstimmung mit der Wirklichkeit abhängt. In der Neuzeit wird Schönheit nicht mehr als Eigenschaft von Gegenständen definiert, sondern als Urteil des Verstandes. Erst der deutsche Philosoph Alexander Gottlieb Baumgarten öffnete mit seiner 1750/58 erschienenen Abhandlung »Aesthetica« ein ganz neues Feld philosophischer Arbeit. Bislang hatte es zwei Arten von Erkenntnis gegeben: durch logisches Denken einerseits, was als gesichertes und wahrheitsgemäßes Erkennen galt, und durch Sinneswahrnehmung andererseits, die gern getäuscht wird und somit ungesichert ist. Baumgarten argumentierte, dass logisches Denken letztlich auch auf Sinneswahrnehmung basiere und man sich als Wissenschaftler auch mit dieser ungewissen Form der Erkenntnis beschäftigen müsse. Diese philosophische Disziplin nannte er Ästhetik.

Die berühmteste philosophische Definition von Schönheit stammt wohl von Immanuel Kant. In seiner »Kritik der Urteilskraft« von 1790 schreibt er über das ästhetische Urteil oder Geschmacksurteil. Kant zufolge basieren Geschmacksurteile auf privaten, subjektiven Empfindungen, auf Gefallen oder Abneigung, Lust oder Unlust. Doch wer meint, schön sei, was uns persönlich angenehm ist, irrt. Zwar sind auch ästhetische Urteile subjektiven Ursprungs, sie erheben aber Anspruch auf Allgemeingültigkeit – wer über die Schönheit eines Gegenstands urteilt, behauptet zugleich, ein Urteil zu fällen, dem auch andere zustimmen müssten. Schönheit hat daher den Anspruch subjektiver Allgemeinheit. Anders als über das Angenehme lässt sich über Geschmacksurteile also durchaus streiten.

Von großer philosophischer Bedeutung – und auch in der Statustugend *Dynamik* erhellend – sind Kants Ausführungen zum »Erhabenen«. So fragte sich der Königsberger Philosoph, wieso ein Mensch den Anblick eines tosenden Meeres »schön« finden könne. Kant findet eine überzeugende Erklärung: Angesichts des unendlichen Meeres erkennt der Mensch seine Ohnmacht. Doch statt der Übermacht der Natur zu unterliegen, kann der Mensch sich durch geistige Überwindung über die Natur stellen. Ein gewaltiges Gebirge, dessen Vielfalt mit einem Augenblick gar nicht zu erfassen ist, wird im Kopf des Menschen zu einem erkennbaren Ganzen. »Erhaben ist das, was durch seinen Widerstand gegen das Interesse der Sinne unmittelbar gefällt.« Erhaben ist für Kant, »was schlechthin groß ist«. Die »Unangemessenheit unseres Vermögens der Größenschätzung« erwecke das Gefühl eines »übersinnlichen Vermögens in uns«.

Vor dem Hintergrund solcher Überlegungen wird nachvollziehbar, warum heutzutage Fallschirm- oder Bungee-Springen für manche Menschen ein »schönes« Erlebnis ist – obgleich auch derlei weder nützlich noch gut ist. Doch in der Überwindung der eigenen Sinne, die ja eigentlich Angst und Unsicherheit hervorrufen, durch den Geist, der auf technische Vorrichtungen und physikalische Berechnungen vertraut, liegt etwas Erhabenes oder, modern formuliert: Dynamisches!

Der Knopf-Trick mit dem Maßanzug

Wie wertvoll ein maßgeschneiderter Anzug im Status-Quartett ist, zeigt sich daran, wie oft man auf folgenden Trick hingewiesen wird: Der Laie nämlich kann den maßgeschneiderten Anzug nicht von Konfektionsware unterscheiden, erst recht nicht von so genannter Maßkonfektion, also Stangenware, die von Hand individuell nachgearbeitet wurde. Damit aber trotzdem erkennbar ist, wessen Kleid man trägt, erlaubt sich der Mann von Welt eine scheinbar kleine Nachlässigkeit: Er lässt einen Knopf offen. Nur einen. Nur einen quasi unscheinbaren. Einen, den man eigentlich nie knöpft, weil er in der Regel nur dekorative Funktion hat: Den Knopf am Ärmel. Dort nämlich werden bei Konfektionsanzügen gar keine wirklichen Knopflöcher genäht. Das wäre zu aufwändig für Massenware. Also kann man die Ärmelknöpfe nur bei Maßanzügen öffnen. Voilà!

Darunter blitzt dann noch der edle Manschettenknopf am weißen, selbstverständlich ebenfalls maßgeschneiderten Oberhemd auf. In der Brusttasche steckt ein edles Tuch, das bitte nicht die gleiche Farbe hat wie die Krawatte, zumal es ja auch nicht aus dem Karstadt-Weihnachtsgeschenkset für den werten Gemahl stammt. Das Einstecktuch ist klein, aber fein und dabei nicht nur ästhetisches Kriterium, sondern gezielt eingesetzte Duftmarke der eigenen Macht. Was allerdings wiederum nur im richtigen Kontext funktioniert und in so mancher Firma nur denen »ganz oben« als Distinktionsmerkmal und Machtsymbol erlaubt ist.

Ein Vorteil maßgeschneiderter Anzüge ist, dass Figurprobleme damit ausgeglichen oder nahezu unsichtbar gemacht werden können. Das jedenfalls betonen

Meisterschneider. Wenn ein Anzug gut sitze, habe das einen besseren Effekt als ein Fitnesstrainer, heißt es. Andererseits sagt jemand wie Stardesigner Cerruti, dass es auf die Haltung ankäme, mit der ein Anzug getragen werde. Mercedes-Boss Zetzsche zum Beispiel trage seine Anzüge so perfekt, »damit wirkt jeder noch so formelle Anzug modisch.« Sagt Cerruti. Jil Sander findet, dass der Fernsehmoderator Reinhold Beckmann den perfekten Anzugträger verkörpere. Die *Wirtschaftswoche* hat 2003 in einer Umfrage herausgefunden, dass Deutsche-Bank-Chef Josef Ackermann und Optiker Günter Fielmann die schönsten Manager in Deutschland seien, so urteilen jedenfalls Deutschlands Manager – ob derlei Erfolg auf etwaige körperliche Vorzüge oder die elegante Kleidung zurückzuführen war, wurde leider nicht mitgeteilt.

STATUS-TIPP

Achten Sie auf Ihre Kleidung, auch wenn Sie vielleicht nicht die Idealfigur haben. Investieren Sie Ihr Urlaubsgeld doch mal in eine Stilberatung. Manche Textilkaufhäuser bieten das sogar kostenlos an, allerdings erwarten sie dafür zu Recht, dass man seine neuen Kleider dann auch bei ihnen kauft.

Bei alledem geht es also nicht unbedingt um die Frage, was man trägt, sondern wie man es trägt. Wer im Maßanzug zum Steiff-Teddy mutiert, gibt keine überzeugende Figur ab.

Ex-Kanzler Gerhard Schröder, als »Brioni-Kanzler« zum Star der Modebranche avanciert, gewann eine gewisse Noblesse gerade dadurch, dass er sich im Maßanzug bewegte wie andere im Jogginganzug. Bei jeder Gelegenheit gab er, ungeachtet seiner edlen italienischen Designerschuhe, kurze Kostproben seines fußballerischen Talents. Als Aufsteiger der Unterklasse – wie er seinen Wählern gegenüber immer gern betonte – bekundete er den textilen Insignien der Macht auf diese Weise souveränes Desinteresse. Er war ein Mann, kein Modepüppchen, und das würde er auch bleiben. Gerade durch seinen Charme als Underdog war der Ex-Kanzler immer auch ein Frauenschwarm. Es war die Pose des Selbstverständlichen, diese elegante Lässigkeit, die allseits faszinierte und beeindruckte.

Im Zentrum steht dabei die Fähigkeit, allem, was man tut, eine Note zu geben, die Unangestrengtheit suggeriert. So zu tun, als geschehe alles, was man tut, quasi im Vorbeigehen, ganz nebenbei. Das ist cool, sagt die Jugend dazu. Lässig eben.

Die Stilikone der kultivierten Lässigkeit ist James Bond. Kaum dem Kampf um Leben und Tod entstiegen, findet sich der Held schon wieder wie aus dem Ei gepellt im Kasino oder im Bett einer Schönen. Was wäre attraktiver als die Welt zu retten – ohne große Anstrengung, versteht sich, ohne auf die Genüsse des Lebens, Stil, Anstand und die Kunst der schlagfertigen und distinguierten Sprache verzichten zu müssen?

Das Spannende an dem fiktiven Role-Model James Bond liegt in seiner Fähigkeit, in jeder Lebenssituation eine Lässigkeit zu demonstrieren, die Besitz zweitrangig erscheinen lässt. Nicht einen Aston Martin zu besitzen ist das Geheimnis, sondern diesen durch einen Kugelhagel und geschmeidig durch die Serpentinen zu steuern. Und später einen Martini zu trinken, »geschüttelt, nicht gerührt«. Das Prinzip, die Pose der Selbstverständlichkeit, funktioniert auch ohne Kugelhagel ganz gut, vom Martini mal ganz zu schweigen. Und um die geht es allemal mehr als um Reichtum oder gar Funktion.

»Beweg dich, wenn du was bewegen willst!«

Es gibt genügend Indizien dafür, dass die irrationalen Reaktionen auf die fiktionale Welt umso heftiger ausfallen, je rationaler, je beschleunigter die reale Welt sich gebärdet. Man werfe nur ein Blick auf die Verkaufsschlager des letzten Jahres: Sei es die ungebrochene Nachfrage nach dem Zauberlehrling »Harry Potter«, sei es der gigantische Kinoerfolg der »Herr der Ringe«-Trilogie oder der rapide Anstieg an Romtouristen, die die Originalschauplätze von Dan Browns »Illuminati« besuchen.

Wem diese Metaphern nicht ausreichen, der verlebt seine Abenteuer nicht stellvertretend auf Bücherseiten oder Filmleinwänden, sondern selbst. Beim Rafting, Trekking, Freeclimbing oder sonstigen Nervenkitzeln. Denn so sehr wir uns auch mühen, die so gewünschte ursprüngliche Gefahr, wie sie jedem Reisenden im Mittelalter ins Gesicht geschrieben stand – weil jede Reise die letzte sein könnte –, bleibt für uns Fiktion.

Wenn wir schon nicht »hoch zu Ross« auf schwarzem Pferde durch den »verbotenen Zauberwald« reiten dürfen, wenn wir die Strapazen in der gleichfarbigen Kutsche schon nicht auf uns nehmen können, dann soll der edle Vierbeiner immerhin auf unserer modernen Kutsche prangen, sei es auf gelbem Grund auf rotem Lack für die flache Straße oder zwischen Geweihen auf schwarzem Lack für das Gelände.

Das Leben ohne Anschnallgurt, Netz und doppelten Boden gehört in unseren Breitengraden nun einmal der Vergangenheit an. Das nervt. Kein Ritterturnier, keine zünftige Schlacht, nichts, wo man seine körperliche Kraft und Dynamik außerhalb des »modernen Hofes« zur Schau tragen könnte! Zu viel Sicherheit lähmt; und daher: Gerade weil ich mich nicht bewegen muss, muss ich mich bewegen.

War der Kampf von Angesicht zu Angesicht für die Menschen des »dunklen Zeitalters« noch eine pittoreske und phantasieanregende Beschäftigung, während sie den Rest ihres Lebens dem Müßiggang widmeten, sieht sich der Mensch der Moderne der Herausforderung gegenüber, sich körperlich für Tätigkeiten zu »stählen«, die keiner besonderen körperlichen Fähigkeiten bedürfen.

Dass die Gladiatoren der römischen Antike ihren Körper für den Kampf gegen Ihresgleichen oder wilde Tiere in Hochform zu bringen, dass der edle Ritter sich auf das Turnier gebührend vorzubereiten hatte, steht außer Frage. Aber der »Kopfarbeiter der Wissensgesellschaft«? Je körperlicher die Arbeit, desto höher die Wahrscheinlichkeit, die Arbeitenden mit Zigarette und »Herrengedeck« in der Stammkneipe um die Ecke anzutreffen, je geistiger die Arbeit, desto höher die Wahrscheinlichkeit, den Protagonisten im Fitnessstudio zu begegnen …

Das klingt paradox, hat aber einen tieferen Sinn: Wer in den oberen Etagen der Gesellschaft mitspielen will, der muss wohl oder übel auf ein Privileg, das in früheren Zeiten noch den »oberen Zehntausend« vorbehalten war, verzichten: den geregelten und weich gefederten Müßiggang. Einfach mal ganz dynamisch nichts tun, das wäre herrlich, das wäre Luxus! Den Höchstleistungsgedanken nicht nur auf die berufliche, sondern auch auf die Welt der freien Zeit zu übertragen, ist eine moderne Errungenschaft, die man zu Zeiten der »noblen Blässe« wohl nicht verstanden hätte. Die Horde von joggenden und mit Stöcken bewaffneten walkenden Menschen hätte man als unnötige Bewegung und Hetze begriffen, als das Gegenteil dessen, was einen statusbewussten Menschen auszeichnet. Doch die Zeiten haben sich geändert: Beweg dich, wenn du was bewegen willst!

Wölfe im Business-Schafspelz

Das Laub fällt, Regen und Glatteis machen das Autofahren zur Rutschpartie. Gut, wenn man einen X-Trail fährt oder eine M-Klasse oder einen RAV4 oder sonst einen SUV. SUV ist die unspektakuläre Abkürzung für eine neue Generation spektakulärer Autos: »Sports Utility Vehicles« sind schon an sich und als solche beeindruckend, kommen sie doch massiv wie Panzer daher. Aber noch beeindruckender ist, wenn man weiß, was sie kosten – und zwar nicht nur in der Anschaffung, sondern dank steigender Spritpreise, satter Versicherungsprämien und Höchststeuersatz auch im Unterhalt. Mindestens 70 000 Euro kostet zum Beispiel ein SUV der amerikanischen Nobelmarke »Hummer«, und 29 Liter Sprit braucht das Riesenschlachtschiff auf hundert Kilometer. Als der Nationalspieler Thorsten Frings Anfang 2004 mit einem solchen Gefährt zum Training seines damaligen Klubs Borussia Dortmund vorfuhr und dort dann zwei Parkplätze für das 4,80 Meter lange, zwei Meter breite und 1,90 Meter hohe Gefährt beanspruchte, kochte die Volksseele – war die finanzielle Lage des BVB damals doch alles andere als rosig.

Früher fuhr man Jeep oder irgendeinen anderen Geländebomber. Der Jeep war das Original. Er steht für die amerikanische Lebensart, für karierte Baumwollhemden und Dreck, Schlamm und den weiten Himmel – Holzfällerromantik pur. Wer jeden Revolver als »Colt« bezeichnet, nennt auch jeden Geländewagen »Jeep«. Aber da gibt es große Unterschiede.

1998 brachte die britische Traditionsmarke Landrover einen ganz frühen Vertreter der SUV, den Freelander, nach Deutschland. Inzwischen sind die »Geländewagen light« schwer in Mode. SUV sind das einzige Marktsegment mit jährlich zweistelligen Zuwächsen. Längst schon nicht mehr fahren Jäger, Förster oder Landwirte die allradbetriebenen Alltagspanzer, sondern ganz normale Geschäftsleute. Obwohl: Normal sind die sicher nicht!

Deswegen fahren sie ja solche Autos. Sie sind Männer. Ganze Männer. Hemdsärmelige Männer, jedenfalls im tiefen Innern. Äußerlich sind sie leider durch gesellschaftliche Konvention und betriebliche Vorschriften zum langweiligen Einheitsgrau verdonnert. Hemdsärmeligkeit ist da nur in Ausnahmefällen erlaubt. Aber eigentlich und im Herzen sind sie Abenteurer, Pioniere, Helden – Wölfe im Business-Schafspelz!

»Ich bin ein Tier«, dröhnt der Porsche Carrera GT, wenn der Fahrer das Gaspedal drückt. Angeblich sorgen Sounddesigner dafür, dass der Motor tatsächlich so ähnlich klingt wie ein röhrender Hirsch oder ein brüllender Löwe.

Supersportwagen wie den Mercedes SLR, den Lamborghini oder Ferrari Challenge Stradale fährt man nicht, weil sie komfortabel sind oder luxuriös im Sinne von bequem. Ihre Einstiegshöhe ist nur für Kleinwüchsige auf Augenhöhe. Ihre Sitze sind nicht weich gepolstert, sondern harte, enge Plastikschalen. Per Knopfdruck lässt sich die Dämpfung härter – ja, härter! – stellen. Man kann den Schaltzeitpunkt des sequenziellen Getriebes nach oben verlegen oder die ohnehin nur Millisekunden dauernde Schaltzeit verkürzen. Manche Wagen haben ein Anfahrhilfsprogramm, das einen Katapultstart ermöglicht. Manche nennen das auch »Kavalierstart«. Jeder Einzelne verbraucht auf hundert Kilometer mehr Sprit als fünf Kleinwagen. Nein, diese Tiefflieger sind nicht funktional. Aber sie sind dynamisch, spritzig, im Klartext: einfach tierisch geil.

STATUS-TIPP

Ein Auto ist leichter gekauft als eine gute Figur oder dynamische Körperhaltung. Allerdings ziehen in Zeiten, in denen Psychologie ein Volkssport geworden ist, Sportwagenfahrer nicht nur anerkennende, sondern gelegentlich auch mitleidige Blicke auf sich …

Wenn sich Ex-BMW- und nun VW-Vorstand Wolfgang Bernhard in Lederkluft auf dem Motorrad fotografieren lässt, dann nicht, weil er damit wirklich zur Frankfurter Automobilmesse oder auch nur zur nächsten Bilanzpressekonferenz fährt. Nein, es geht allein ums Prestige. Bernhard ist kein Nadelstreifenhörnchen, keine graue Businessmaus. Bernhard ist ein Hengst, ein Stier, der Mann für schwere Geräte, ein harter Knochen oder im Geschäftsdeutsch »ein harter Sanierer«.

»Dass ich eine Frau bin, spielt keine Rolle«

Um derlei Männlichkeit dreht sich die Tugend *Dynamik*. Frauen haben es in dieser Kategorie weitaus schwerer, allein schon deshalb, weil sie dauernd darauf hinweisen müssen, dass es keinen Unterschied macht, eine Frau zu sein. »Dass ich eine Frau bin, spielt keine Rolle«, sagte Angela Merkel im Interview mit *Cicero* wenige Wochen, bevor sie die erste Bundeskanzlerin Deutschlands werden sollte.

Ein Mann müsste einen solchen Satz gar nicht von sich geben: »Dass ich ein Mann bin, spielt keine Rolle« ...? Denn natürlich spielt es keine Rolle für ihn! Genauso, wie es für Frauen eine spielt, sonst müssten sie ja nicht ständig dazu Stellung nehmen. Aber zurzeit braucht ein Unternehmen offensichtlich immer noch »einen Mann der Tat« an der Spitze. Schließlich ist das schon immer so gewesen, und Tradition bürgt für Qualität. Abgesehen davon, dass die Männer sich ungern ihre Plätze in der Wirtschaftselite wieder abnehmen lassen wollen. Immerhin haben sie hier beinahe so etwas wie ein Gewohnheitsrecht und überhaupt kein Interesse daran, zugunsten der Frauen ein bisschen kürzer zu treten.

Seit Frauen mindestens genauso gut ausgebildet sind wie Männer und zunehmend aufs Kinderkriegen verzichten, spricht eigentlich nichts mehr dagegen, dass auch sie im Beruf die Toppositionen und Vorstandsetagen erklimmen. Dass Deutschland jetzt von einer Frau regiert wird, ist schon mal symbolträchtig und wird den Status von Frauen möglicherweise mittelfristig heben können. Schließlich kann hinterher keiner mehr behaupten, dass

Frauen ganz oben nichts verloren hätten und damit völlig überfordert wären.

Die amerikanische Professorin für Rhetorik und vergleichende Literaturwissenschaft Judith Butler hat in den vergangen Jahren die Wissenschaftswelt durch ihre radikalen Thesen enorm provoziert. Einer von Butlers wichtigsten Beiträgen ist die Idee, dass die Geschlechter »männlich« und »weiblich« lediglich Denkkonstruktionen, nicht aber wirklich biologische Materialisierungen seien. Man ist Mann also nur im Kopf; eine Frau gibt es nur als Idee – beides ist nicht real.

Butler hinterfragte lieb gewonnene Denkgewohnheiten und belebte die Diskussion um Männlichkeit und Feminismus auf grundsätzliche Weise. Ihr zufolge wird Geschlecht durch soziale, kulturelle und historische Umstände konstruiert. Dass Geschlechtsrollen von außen stammen, also von der jeweiligen Gesellschaft zugeschrieben werden, zeigt sich auch daran, dass das Frauenbild sich über die Jahrhunderte geändert hat und es beispielsweise matriarchale Gesellschaften gibt, in denen Frauen mehr Macht haben als Männer. Die Zuschreibung gilt Butler zufolge aber nicht nur für die Geschlechtsrolle, sondern auch für den Geschlechtskörper. Auch dieser ist an seine kulturspezifische Wahrnehmung und Deutung gebunden, wie medizin-historische Studien zur »Geschichte des Körpers« belegt haben. Eine Frau verhält sich wie eine Frau, weil die Gesellschaft von ihr erwartet, dass sie sich wie eine Frau verhält, und zwar wie eine Frau, wie sie die Gesellschaft sich vorstellt. Kritiker warfen Butler vor, sie tue ja so, als könne man sich sein Geschlecht aussuchen und überstülpen wie einen Pullover aus dem Kleiderschrank.

In ihrem Buch »Körper von Gewicht« etablierte Butler 1993 darauf den Begriff des »sozialen Geschlechts« (gender), der seither in der Forschung ganz selbstverständlich genutzt wird. Die Women's Studies, die seit den 1970ern Einzug in die Wissenschaft hielten und sich mit der Analyse von Frauen in einer von Männern dominierten Gesellschaft beschäftigen, entwickelten sich zu Gender Studies weiter. Die Gender Studies der neunziger Jahre führten bereits zu veränderten Konzepten in der Unternehmensführung und Personalentwicklung, weil man erkannte, dass tatsächlich durch Sprache und Strukturen Männer und Frauen im Beruf unterschiedlich »gemacht« werden. Das soziale Konstrukt »Gender« kann bewusst neu definiert werden und damit können auch geschlechtsspezifische Einschränkungen verändert werden.

Wenn Frauen sich dynamisch geben wollen, müssen sie anders auftreten als dynamische Männer. Eine Frau im Sportwagen wird von den Männern jedenfalls schon mal skeptisch beäugt – wenn auch nicht so, wie ein Mann mit Gucci-Handtäschchen. In den Augen mancher Männer schmückt sich eine Sportwagenfahrerin nämlich mit einem Statussymbol, das eigentlich ihnen gehört. So gesehen können Frauen ihren Machtanspruch durch ein männliches Statussymbol offen zur Schau stellen. Umgekehrt funktioniert der Statusklau allerdings nicht: An

Männern wirken weibliche Statussymbole wie etwa kostbarer Schmuck oder die teure Handtasche komplett lächerlich – es kommt einer Degradierung gleich. Frauen mit Machtambitionen, die diese auch noch zeigen, haben es nicht leicht. Oft werden sie von Männern angefeindet oder belächelt, die Powerfrauen im Grunde fürchten, weil sie um ihren Status, ihre »männliche Herrschaft« bangen müssen.

Manche reden auch statt von Männlichkeit lieber von »Wahrhaftigkeit« oder »Authentizität«. Aber es meint dasselbe. Es geht um eine Sprache, die an unser Geschlecht, an unseren Körper gebunden ist, Körpersprache eben, die auch in unseren modernen Zeiten immer noch die Kerngrammatik der Neandertaler innehat. Die »Körpersprache« schlägt sich auch in zelebrierten archaischen Essgewohnheiten nieder: Da geht dann der Kanzler Currywurst essen an der Imbissbude um die Ecke, Bayer-Chef Werner Wennig bevorzugt Bratwurst mit kleinem Pils vom Fass und der Mittelständler feiert sein Betriebsfest mit Erbsensuppe aus der Gulaschkanone.

Und was macht die Frau von Welt? Wenn sie Currywurst isst, darf sie auf keinen Fall so aussehen, sprich: auch nur ein Gramm Speck zu viel auf den Rippen haben. Und selbst wenn Figur und Frisur perfekt sind – leider weckt die ins Würstchen beißende Blondine gänzlich andere Assoziationen als der kickende Brioni-Kanzler …

Professionelle Trainer raten Frauen, sich körperlich mehr Raum zu nehmen und damit ihre Präsenz zu verstärken. Mimik, Gestik, Haltung und die Art zu stehen oder zu sitzen würden schließlich Auskunft über eine Person geben. Wer mit zusammengesunkenen Schultern durch die Welt läuft, wirkt nicht besonders souverän. Und die kleinere Körpergröße sollten Frauen nicht noch dadurch unterstreichen, dass sie defensive Gesten machen wie die Beine übereinander zu schlagen oder die Arme vor der Brust zu verschränken. Andererseits: Wie frau es macht, macht sie es falsch. Als die Starköchin Sarah Wiener erstmals bei Johannes B. Kerner im ZDF-Studio saß und dabei eine Körperhaltung einnahm, die für Männer selbstverständlich ist – nämlich breitbeinig und gemütlich angelehnt –, bekam sie umgehend heftige Kritik zu hören. Das einzige positive Feedback kam von einer Frau, die der Köchin per Mail dankte: Ihr Mann habe nach dieser Sendung endlich mal wieder Sex mit ihr haben wollen …

Kein Wunder, dass Körpersprache-Guru Günter Hübner eher mitleidige Worte für Frauen in Führungspositionen hat: »Sie können nur verlieren. Entweder man sagt ihnen nach, dass sie ohne ihre weiblichen Reize nie an diese Position gekommen wären, oder sie wirken männlich und kalt und man wirft ihnen vor, sie würden ihre Weiblichkeit verleugnen.« Und vermutlich sagen Männer unter sich derlei in etwas deftigeren Worten. Als Frau kann man da nur eins machen: sein wie man ist – wie auch immer das geht.

STATUS-TIPP

Verzichten Sie als Frau nicht auf diese Spielkartenrunde, aber seien Sie auf der Hut. Wenn Sie sich als zu dynamisch zeigen, gelten Sie womöglich als »unweiblich«. Denn die Tugend *Dynamik* ist zum großen Teil eine Männerdomäne. Dann hätten Sie genauso viel verloren wie gewonnen. Wenn Sie also schon den New York Marathon mitlaufen müssen, dann vergessen Sie bitte wenigstens im Job niemals den Lippenstift!

Die amerikanische Anwältin Ann Coulter, vom Nachrichtenmagazin *Time* zu den hundert einflussreichsten Persönlichkeiten der Welt gezählt, gehört vielleicht schon zu einer neuen Generation mächtiger Frauen. Ihre Körpersprache beeindruckt durch verwirrende Kombinationen. »Blondes Gift« nannte das politische Magazin *Cicero* die Frau mit den langen blonden Haaren und doppelt so langen schlanken Beinen, die sie unter kurzen Röcken hervorstreckt und in spitzen Pumps mit dekorativen Schleifchen enden lässt. Für die Titelseite der *Time* lässt sie sich sitzend fotografieren, im Barcelona-Sessel, im kurzen Wickel-Mini aus schwarz glänzendem Leder – und von unten. Einerseits mit adrett übereinander geschlagenen Beinen, andererseits mit selbstbewusst aufgestemmten Armen, den Blick aus dunklen großen Rehaugen direkt in die Kamera gerichtet. Die Wirkung ist paradox: Eine verführerische Arroganz, eine raffinierte Unschuld.

Die attraktive Frau ist jedoch kein Hollywood-Star und kein Fotomodell, sondern erfolgreiche Buchautorin und eine der einflussreichsten Vordenkerinnen der US-Konservativen. Die selbstbewusst-kokette Anwältin vertrat ausgerechnet Paula Jones, eine Praktikantin aus dem Weißen Haus, die den damaligen amerikanischen Präsidenten Bill Clinton der sexuellen Belästigung beschuldigte. Als Quelle ihrer Inspiration nennt Ann Coulter grinsend »Attila den Hunnenkönig oder Dschingis Khan« und scheut sich nicht, sich der gesundheitsfanatischen amerikanischen Öffentlichkeit als Kettenraucherin zu präsentieren. Eine Querdenkerin par excellence, die, solange sie Erfolg hat, zum Vorbild einer neuen Frauengeneration aufsteigen könnte. Aber wenn sie einen Fehler macht, wird sie garantiert mit einem spöttischen »Siehste!« den Medienlöwen zum Fraß vorgeworfen.

Helden der Arbeit

Frauen in Machtpositionen gibt es in Deutschland derzeit vor allem in der Medienwelt. Hier tun sie noch gut daran, in konservativem Outfit zu glänzen, und überzeugen durch kluge Fragen. Antworten geben zwar hauptsächlich Männer, aber wer fragt, greift an. Ob Sabine Christiansen, Sandra Maischberger oder Maybrit Illner – die eisernen Talk-Ladys sitzen in adrettem Kostüm mit brav parallel gestellten Beinen und würden sogar im Fünfziger-Jahre-Moral-Wettbewerb auf den vorderen Plätzen landen. Sie punkten nicht durch Körperlichkeit, sondern durch Standfestigkeit, Sachlichkeit, Wissen und Schlagfertigkeit. Sie kämpfen mit den sachlichen Waffen der Frau, und das sind vorrangig Worte.

Taten sind etwas für Männer. Bill Clinton und George Bush senior warben für Spenden für Tsunami- und »Katrina«-Opfer. Die tun was. Geldsammeln scheint harte körperliche Arbeit zu sein. Deswegen stellen sie sich beim Foto-Shooting wie lässige Buddys hemdsärmelig in Pose. Als hätten sie höchstpersönlich die Trümmer von den Straßen geräumt, um den Menschen zu helfen. Inmitten einer zerstörten Landschaft stehen sie, unerschütterlich auf beiden Beinen, tatkräftig die Hände in die Seiten gestemmt, entspannt miteinander beratend.

Wo sich die Abenteuerlust mit Reichtum verbündet

145 Wohnmobile der Klasse »über sieben Tonnen« wurden 2003 in Deutschland zugelassen. Kein Trend und auch nur ein Marktanteil von 0,8 Prozent, aber trotz-

dem genug, um sich zu fragen, ob derlei zum Status-Quartett taugt. Es taugt, und zwar gleich doppelt: in der Kategorie (finanzieller) *Erfolg* und in der Kategorie *Dynamik*. Wo sich die Abenteuerlust mit Reichtum verbündet, beginnt die Oberklasse der Caravans. Ab 100 000 und bis zu 1,24 Millionen Euro kostet ein Luxuswohnwagen. Die Reisemobile der gehobenen Kategorie werden vor allem von älteren Menschen gekauft, zum Beispiel vormals Selbstständigen, die ihren Betrieb verkauft haben.

Offenbar gibt es viele, die dem Alter trotzen und sich nach der Pensionierung einen Jugendtraum erfüllen wollen: Hier ist nicht die Rede von Dauercampern in der Lüneburger Heide oder in Oberammergau. Die, von denen hier die Rede ist und die im Status-Quartett ordentlich mitspielen, fahren mit dem Wohnwagen die legendäre Route 66 quer durch die Vereinigten Staaten entlang oder gleich um die ganze Welt.

In den größeren Modellen gibt es eine Wohnfläche von bis zu 45 Quadratmetern. Manche lassen sich im Heck ihres Reisemobils eine »Garage« einbauen, darin parkt dann ein Smart oder auch ein Porsche. Doch was wie Luxus auf vier Rädern klingt, dient meist für komplizierte Expeditionen. Manche wollen, dass ihr Wohnwagen sowohl bei Wüstenhitze als auch bei arktischen Temperaturen einwandfrei funktioniert. Es geht nicht um Luxus, es geht ums Abenteuer, ums wilde, wahre Leben.

Auch Manager, die auf hohe Berge steigen, eine Trekkingtour durch die Karpaten mitmachen, beim Trainingscamp für den Businessnachwuchs die Mutprobe des Feuerlaufs bestehen oder sich beim Bungeejumping den ultimativen Nervenkitzel holen, sammeln *Dynamik*-Karten für das Statusspiel.

Hans Riegel, mittlerweile in die Jahre gekommener Chef von Haribo, einem der größten Süßwarenkonzerne der Welt, will offenbar unter Beweis stellen, dass er kein softes Goldbärchen ist. Entsprechend reist er statt mit dem Dienstwagen gleich im Helikopter an – den er, versteht sich, selbst steuert. Nach eigenem Bekunden liebt er die Sauna und die Saujagd. Helikopter, Sauna, Sauen – das ist der Dreiklang der Männlichkeit. Dr. Riegel ist ein ganzer Mann, auch wenn er sein Geld mit Kinderkram verdient.

Der Jagdschein ist zwar etwas in Verruf geraten, aber immer noch eine Quartettkarte für dynamische Manager. Es ist erstaunlich, wie oft man in Führungsetagen ambitionierte Jäger trifft.

STATUS-TIPP

Auch Boxen gehört zu den Punktebringern in dieser Kategorie. Man muss ja nicht gleich selbst in den Ring steigen und zuschlagen. Es reicht, wenn man sich Karten besorgt und die wichtigsten Box-Events live miterlebt. Nicht umsonst sind solche Spektakel immer noch der Prominententreff schlechthin.

Da sich das Verhältnis zur Männlichkeit in den letzten Jahrzehnten etwas gewandelt hat, ändern sich auch die Quartettkarten in dieser Kategorie. Einen so genannten »metrosexuellen« Mann wie David Beckham wird niemand im Morgengrauen im Wald auf dem Hochsitz erwarten. Metrosexuell werden Männer genannt, die viel Zeit und Geld für Pflege und Mode verwenden und denen man dies auch ansieht. Gleichzeitig verstehen sie sich als »echte Männer«. Ob Beckham oder pubertierende Jungs in den Fußgängerzonen der Großstädte – es ist faszinierend zu beobachten, wie gerade ausgesprochene Macho-Kulturen vom Fußballer bis zum Migrantensohn äußerlich verweiblichen.

STATUS-TIPP

Treiben Sie Sport, egal welchen! Selbst bei einst harmlosen Bewegungsarten wie Wandern, Waldlauf oder Gymnastik kann man Statuspunkte sammeln, man sollte es nur anders benennen: Nordic Walking oder Trekking, Jogging oder Cross-Marathon, Aerobic oder Tai Chi …

»Ich habe Herz!« –
Gemeinsinn, die fünfte Tugend

Krawatten sind ein Statussymbol. Jedenfalls hierzulande, nicht aber in Japan: Dort können Krawatten zur Karrierebremse werden, seit Premierminister Koizumi die Büroangestellten aufgefordert hat, auf Krawatten zu verzichten. Er selbst trägt angeblich keine mehr und Umweltministerin Yuriko Koike duldet in ihrem Büro auch keine Krawatten, zumindest nicht im Hochsommer. Dahinter steckt nicht etwa eine neue Art von Modediktat, sondern der Gedanke an den Umweltschutz. Japanische Sommer sind heiß, sehr heiß, vierzig Grad sind schnell erreicht. Deswegen laufen im Hochsommer in allen japanischen Büros die Klimaanlagen auf Hochtouren.

Doch die künstliche Kälte kostet Energie. Klimaexperten haben errechnet, dass sich in Japan 320 Millionen Liter Heizöl sparen ließen, wenn man die Klimaanlage um drei bis vier Grad drosseln würde. Der Verzicht auf die Krawatte wird dadurch zum politischen Signal: Keine Krawatte zu tragen wird damit plötzlich ein Statussymbol für Umweltbewusstsein! Selbst der Toyota-Chef wurde bereits mit offenem Hemdkragen gesichtet.

Normalerweise hängt man sich die Symbole für soziales Engagement wenn nicht um den Hals, so doch an die Brust. Seit langer Zeit schon gehört das rote oder weiße Aids-Schleifchen zum modischen Outfit selbstverständlich dazu. Der Träger signalisiert seine Solidarität mit den vielen HIV-Infizierten auf der Welt, die noch in den achtziger Jahren statt Rettung jede Menge Spott und Verunglimpfung erfahren hatten. Seit es Medikamente gibt, mit denen sich die Immunschwäche aufhalten lässt, und somit die Infektion nicht mehr automatisch ein Todesurteil darstellt, sind die Schleifchen auf dem Rückzug. Nur zum Welt-Aids-Tag am 1. Dezember tauchen sie immer wieder auf und erinnern jetzt vor allem an die vielen HIV-infizierten Menschen auf dem afrikanischen Kontinent.

Was noch Ende der Neunziger das Aids-Schleifchen war, ist den Menschen des neuen Jahrtausends das Power-Armband. Nicht mehr ganz so plakativ, aber doch gut sichtbar, wird es ums Handgelenk getragen: Die einfachen Armbänder aus Silikon sind in den USA längst zum Mode-Accessoire geworden, allerdings mit einer besonderen Bedeutung. Denn was auf den ersten Blick an Omas Einmachgummis erinnert, kostet einen bis drei Dollar das Stück und ist abzüglich der Produktions- und Vertriebskosten eine Spende – und das Ganze eine pfiffige Fundraising-Idee verschiedener Wohltätigkeitsorganisationen. Wer das Gummiband kauft, tut Gutes. Damit andere diese Wohltat sehen, aber auch, um auf die Missstände, gegen die man sich engagiert, aufmerksam zu machen, trägt man das so genannte »Power Band«.

Nicole Kidman hielt ihr rosa Power Band in die Kameras, als sie in Cannes über den roten Teppich lief. Cameron Diaz folgte ihr mit Band auf dem Fuße, und sogar der britische Premier Tony Blair wurde mit Silikon-Schmuck am Handgelenk fotografiert.

STATUS-TIPP

> Engagieren Sie sich doch mal für eine echte Randgruppe. Schenken Sie zum Beispiel Ihrem Kunden oder Gastgeber einfach Bargeld, zusammen mit einem ausgefüllten Überweisungsträger für eine ausgesuchte wohltätige Organisation. Lassen Sie den Überweisungsbetrag offen. So kann der Beschenkte selbst entscheiden, ob er das Bargeld behält oder an die vorgeschlagene Institution weiterreicht, eventuell sogar mit etwas Aufschlag.

Eines der ersten Bändchen, das je gesehen wurde, war das »Livestrong-Bändchen« von Radprofi Lance Armstrong, der nach seiner eigenen Genesung vom Hodenkrebs nunmehr fünf Millionen US-Dollar für die Forschung gegen die Krankheit auftreiben wollte. Als Startkapital gab Sporthersteller Nike eine Million und entwickelte gratis die Idee mit den Bändchen, womit die übrigen vier Millionen erwirtschaftet werden sollten. Das Bändchen war gelb, so gelb wie das Trikot, das Tour-de-France-Star Lance Armstrong all die Jahre tragen durfte.

Das Fundraising-Kalkül dürfte aufgegangen sein. Inzwischen wird von zwanzig Millionen verkauften Livestrong-Bändchen geredet. Und die Idee hat Schule gemacht. Quer durch alle Farben des Regenbogens spannt sich das Angebot und zugleich quer durch alle Charity-

Themen unserer Zeit: Rosa steht für den Kampf gegen Brustkrebs, Gelb gegen Krebs, aber auch für Solidarität mit den US-Truppen, Weiß ist gegen Armut in der Dritten Welt, Orange für Menschenrechte, Rot macht auf Herzkrankheiten oder HIV aufmerksam, Grün steht für Leukämie, Organspende und ein freies Palästina. Selbst Schwarz ist besetzt und heißt: Ich lehne diesen Bändchen-Hype ab.

Nike selbst brachte ein schwarz-weiß verschlungenes »Stand up, speak up«-Band auf den Markt, das Engagement gegen Rassismus im Sport zeigen soll. Das Band hatte auch in Deutschland Erfolg: Am 6. Februar 2005 trugen die Wolfsburger Fußball-Profis das Band im Spiel gegen Werder Bremen. Noch Wochen später war das Band allerorten ausverkauft.

Die umgangssprachliche Wendung »Mitleid und Barmherzigkeit« zeigt, dass es hier einen Unterschied gibt: »Mitleid« ist die Teilnahme an fremdem Schmerz und Leid eines anderen. Es unterscheidet sich vom bloßen Miterleben durch die Bereitschaft, aktiv zu helfen und dem anderen bei der Bewältigung des Leids zur Seite zu stehen. »Barmherzigkeit« dagegen ist weniger ein Mit-Fühlen als eine Großherzigkeit, die weder Mitleid noch Mitgefühl braucht.

Barmherzigkeit gilt als eine der Haupttugenden und wichtigsten Pflichten in allen großen Religionen. Die oft synonym verwendeten Wörter Nächstenliebe, Menschenliebe oder Humanität – die lateinische Bezeichnung ist »caritas« (daher der Name der katholischen Organisation) – sind zentrale Begriffe der jüdischen und christlichen Ethik. Die Liebe zu Gott und zum Nächsten gelten als gleichrangige Forderungen.

Für Juden ist Barmherzigkeit eine der herausragenden Eigenschaften Gottes. In der zentralen Offenbarung am Sinai gibt sich Jahwe zu erkennen: »der HERR ist ein barmherziger und gnädiger Gott, langmütig, reich an Huld und Treue« (Exodus/2.Buch Mose 34, 6). Von daher gilt auch die Forderung der Barmherzigkeit an den Menschen: »Es ist gut, zu beten und zu fasten, barmherzig und gerecht zu sein« (Tobit 12,8).

Im Christentum dreht sich fast alles um die Nächstenliebe: Viele Gleichnisse, die Jesus erzählt, handeln von Barmherzigkeit. Zum Beispiel das Gleichnis vom barmherzigen Samariter, das Gleichnis vom verlorenen Sohn und die Krankenheilungen. Auch in der Bergpredigt ist von der Barmherzigkeit die Rede: »Selig sind die Barmherzigen, denn sie werden Barmherzigkeit erlangen.«

Seit dem Mittelalter zählt man die »Sieben Werke der Barmherzigkeit« auf, die den Sieben Todsünden (Stolz, Neid, Zorn, Geiz, Unmäßigkeit, Unkeuschheit und eben Trägheit des Herzens) gegenübergestellt werden:

Hungernde zu atzen (ihnen zu essen zu geben),
Durstende zu tränken,
Kranke zu besuchen,
Fremde zu beherbergen,
Tote zu bestatten,
Gefangene zu besuchen,
Nackte zu bekleiden.

In der wichtigsten Schrift des Islam, im Koran, gibt es verschiedene Namen Allahs: Allerbarmer [ar-rahman] ist zusammen mit Allbarmherziger [ar-rahim] der häufigste. Beide Namen stammen von der gleichen Wortwurzel ab und beschreiben die immerwährende Liebe Gottes, die dem Menschen zuteil werden kann, wenn er sie annimmt. Eine Äußerung der Barmherzigkeit, das Geben von Almosen, ist die vierte der fünf Säulen des Islam und damit eine der Hauptanforderungen an die Gläubigen. In einem Hadith heißt es: »Diejenigen, die nicht barmherzig sind, werden keine Barmherzigkeit erlangen.« Somit sind alle Gläubigen zur Barmherzigkeit verpflichtet.

Auch im Buddhismus ist Barmherzigkeit oder Mitleid eine zentrale Forderung an die Gläubigen. So ist beispielsweise das Töten von Tieren verboten und Toleranz gegenüber allen Menschen gefordert. Manche Buddhisten leben bewusst vegetarisch, damit keine Tiere geschlachtet werden müssen.

Für Konfuzius waren die Umgangsformen, die Güte des Rangoberen gegenüber den Unteren sowie die Menschenliebe wichtige Bestandteile der familiären und staatlichen Ordnung. Auch Laotse forderte in seinem Buch »Taoteking« neben dem Nicht-Eingreifen die natürliche und unaufgeforderte Güte der Menschen untereinander.

Die guten Gaben der Charity-Ladys

»Tue Gutes und rede drüber«, heißt eine uralte PR-Binsenweisheit, die nichts anderes ausspricht, als dass gute Taten im Status-Quartett starke Karten darstellen. Wenn der Mitspieler zu gute Karten in anderen Kategorien hat, ist kaum etwas wirkungsvoller, als eine Karte der Kategorie *Gemeinsinn* zu zücken:

»Es gibt wichtigere Dinge, als Märkte zu erobern. Ich bin zwar nur ein simpler IT-Manager, aber letztes Jahr habe ich ein Hilfsprojekt in Tansania gegründet …«

Das mag zynisch klingen. Doch vermutlich ist ein Großteil der Spenden und Patenschaften nicht unerheblich dem Prestigedenken der Geber geschuldet. Das muss nicht schlecht sein, und für alle Wohltätigkeitseinrichtungen ist es ein Segen. Hauptsache, die Menschen spenden, egal warum.

Insofern sollten wir uns daran freuen, dass es Charity-Partys zu feiern gibt, wohin das Auge blickt. Von der Gala der Deutschen Aids-Stiftung in der Deutschen Oper zur Gala »Künstler gegen Aids«, zur Unesco-Gala, zum Red-Noise-Day … – allerorten wird nicht zum Vergnügen gefeiert, sondern für den guten Zweck. Wer ohne Benefizgedanken feiert, outet sich als herzlos. Oder andersherum: Wer Herz hat, zeigt es, indem er feiert!

Der deutsche Fundraising-Verband hat festgestellt, dass sich die Zahl professionell organisierter Wohltätigkeitsveranstaltungen in den letzten fünf Jahren verdoppelt hat. Der Trend dürfte noch ein Weilchen anhalten, seit sich jeder Hans und Franz mit Patenschaften für SOS-Kinderdörfer brüstet. Charity-Events sind wenigstens etwas exklusiver als ein Jahres-Los der Aktion Mensch!

Fundraising-Profis wie Regine Sixt und Ute Ohoven könnten als Beruf längst »Charity-Lady« angeben. Dass die Damen es sich leisten können, unentgeltlich für wohltätige Zwecke zu arbeiten, ist ein Segen für die Adressaten der Gelder. Es zeigt aber auch deutlich den Statusunterschied zu gemeinnützigen Jobs, etwa im Ein-Euro-Sektor, die für die Gesellschaft auch sehr wichtig sind. Insofern sticht die Karte *Gemeinsinn* nur dann, wenn man auch mit der *Erfolgs*-Karte – der eigenen oder der des Mannes – winken kann. Ute Ohoven, Ehefrau des Investmentbankers Mario Ohoven und Mutter von vier Kindern, engagiert sich schon fast zwei Jahrzehntelang geradezu professionell für Benefiz-Projekte. So entstand Anfang der neunziger Jahre durch ihre Mithilfe das erste Knochenmarkspendenregister in Deutschland, und 1994 wurde sie zur weltweit einzigen Sonderbotschafterin der UNESCO für die Aktion »Kinder in Not« berufen. 2002 trat sie die Nachfolge der verstorbenen Alt-Kanzler-Gattin Hannelore Kohl im Kuratorium ZNS an, das Hirn- und Nervengeschädigten hilft. Ihr Job ist die Vermittlung von Kontakten zu spendenwilligen Reichen. So lässt sie durch professionelle Eventmanager die Benefiz-Gala für »Kinder in Not« organisieren und sorgt dann selbst dafür, dass auch entsprechend hochkarätige Gäste erscheinen, die sich beim Spenden nicht lumpen lassen.

Auch Regine Sixt, Ehefrau des Autovermieters Erich Sixt, ist für die ihr nahe stehenden Wohlfahrtseinrichtungen vor allem ein Multiplikator in die Upperclass. Die Lady der High-Society, die sich nicht gern so nennen lässt, ist im Unternehmen ihres Mannes zuständig für die Kundenbindungsprogramme. Marketing ist ihr Metier. Nebenbei – oder, wie manche Kritiker behaupten, als Teil ihres Jobs – organisiert sie Events für den guten Zweck.

So lädt sie seit 2002 fast jedes Jahr zu Gunsten der »Regine Sixt Kinderhilfe« zum Damenabend auf das Oktoberfest. Die »Damen-Wiesn« protzt mit bekannten

Namen: Shawn Borer-Fielding, Karin Stoiber mit ihren Töchtern Constanze und Veronika, Cosma Shiva Hagen, Uschi Glas, Sybille Beckenbauer, Patricia Blanco (Robertos Tochter), Sabine und Marion Käfer, Gräfin zu Sayn-Wittgenstein, Alice Kessler und sogar die Unternehmensberaterin und Bestseller-Autorin Gertrud Höhler wurden schon beim weltgrößten Bierfest ohne Herrenbeteiligung gesehen. Insgesamt kommen jedes Mal etwa 600 High-Society-Ladys auf der Wiesn zusammen – und nebenbei eine Menge Geld.

STATUS-TIPP

Veranstalten Sie mal eine eigene Charity-Party, bei der Sie Ihre Freunde und Geschäftspartner auffordern, Gegenstände für eine Versteigerung zu Gunsten einer ausgewählten Organisation mitzubringen. Sie werden staunen, was da an Geld zusammenkommt! Und jeder wird sich daran erinnern, dass Sie der Initiator waren.

Mehrere Millionen Euro bringen die Damen Sixt und Ohoven jährlich zusammen. Dafür bekommen ihre Gäste hübsche unkritische Artikel in der einschlägigen Regenbogenpresse. Das ist der Deal: Tue Gutes und werde dabei fotografiert! Die persönliche Eitelkeit öffnet das Portemonnaie. In bestimmten Kreisen geht man eben zu Charity-Events, wie andere nach Wimbledon oder zu den Salzburger Festspielen fahren. Statussymbol pur.

Kritiker nennen das »Welt-Hummer-Hilfe«. Aber die Fundraiser sehen das locker: Eine bestimmte Klientel kann man eben nicht mit Erbsensuppe oder einfach nur guten Worten locken. Ein Charity-Abend spült gut und gerne mal ein oder zwei Millionen Euro in die Kasse, das wäre mit einer Sammelbüchse in Schülerhand garantiert eine Lebensaufgabe.

Traditionell sind es die »First Ladys« der westlichen Nationen, die sich als Schirmherrinnen für einen guten Zweck verdingen. Doris Schröder-Köpf wurde zur »Frau des Jahres 2004« gewählt, von der *Bunte*-Redaktion sollte man hinzufügen. Die Ehefrau des Alt-Kanzlers hatte sich während der Regierungsjahre ihres Mannes für Schwache und Benachteiligte engagiert. Sie ist Schirmherrin der Stiftung »Deutsche Kinder-, Jugend- und Elterntelefone« und der Initiative »Deutschland liest vor« sowie der »Nummer gegen Kummer«. Außerdem engagiert sich die ehemalige Journalistin bei vielen Aktionen für den Behindertensport und nutzte selbst die Preisverleihung dazu, um auf die Opfer der Flutkatastrophe in Sri Lanka aufmerksam zu machen.

Stiften gehen:
Auch Männer zeigen sich fürsorglich

Zunehmend machen sich auch Männer für das Gemeinwesen stark: Jürgen Kluge engagiert sich beispielsweise für Bildung und hat dafür die Initiative »McKinsey bildet« ins Leben gerufen, deren Ergebnisse im Oktober 2005 bei einem Kongress in der Berliner Staatsoper Unter den Linden präsentiert wurden. Dem Chef der elitären Unternehmensberatung McKinsey & Company geht es um mehr Chancengerechtigkeit bei der Förderung von Kindern im Vorschulalter. Neben eigennützigen Motiven ist es wohl auch unter dem Motto »Gerechtigkeit« zu verbuchen, dass es bei McKinsey Betriebskindergärten gibt, um Frauen nach der Babypause bei der Stange zu halten.

Allenthalben wird auf Weihnachtskarten darauf verwiesen, dass man in diesem Jahr auf teure Geschenke verzichtet und stattdessen an eine soziale, karitative, kulturelle oder ökologische Initiative gespendet habe. Das sind Anfängerübungen im Status-Quartett. Denn wer es richtig ernst meint mit dem Gemeinsinn, der gründet eine Stiftung.

Etwa 8000 Stiftungen gibt es derzeit in Deutschland, die keineswegs alle aus steuerlichen Gründen aus der Taufe gehoben wurden. Denn es ist viel leichter, Steuern in Liechtenstein oder der Schweiz zu sparen, als den relativ komplizierten Weg durch die Aufsichtsgremien einer Stiftungsgründung zu gehen.

Nein, Stifter wollen Gutes tun und meinen das in der Regel sehr ernst. Sie entscheiden sich unwiderruflich, sich von einem Teil ihres Vermögens zu trennen, um damit – so sieht es das Gesetz vor – »für die Ewigkeit« einem guten Zweck zu dienen. Da Stiftungen ihr Grundkapital nicht anrühren dürfen, sondern allein von den Zinsen leben, lohnt sich eine Stiftungsgründung eigentlich erst ab 500 000 Euro. Neuerdings gibt es auch kleinere Stiftungen mit beschränktem Stiftungszweck. Zum Beispiel, um alle zwei Jahre einen Forschungspreis in Höhe von 5000 Euro auszuschreiben oder alle drei Jahre einem jungen Künstler ein zwölfmonatiges Arbeitsstipendium von 800 Euro im Monat zu ermöglichen. So etwas geht auch mit einem Stiftungsvermögen von etwa 100 000 Euro.

Doch sogar mit noch weniger Geld kann man zum Stifter werden. In den letzten Jahren sind in vielen Städten so genannte Bürgerstiftungen entstanden, in denen sich engagierte Stifter mit kleineren Geldbeträgen und dafür umso größerem zeitlichen Engagement und selbsttätigem Einsatz zusammentun. Die Bürgerstiftungen konzentrieren sich meist auf regionale Projekte, machen Kinder- und Jugendarbeit, leisten Obdachlosenhilfe, unterstützen Nachwuchs-Künstler und Ähnliches mehr. Wertvolle Arbeit, die aber natürlich im Status-Quartett nicht ganz so viele Punkte abwirft wie eine eigene Stiftung. Die leisten sich inzwischen auch immer mehr Bürger. Wurden vor etwa zwanzig Jahren noch etwa 150 Stiftungen pro Jahr gegründet, waren es 2004 schon weit über 800. Nicht umsonst sprechen Experten von einem wahren Stiftungsboom. Viele gründen eine Stiftung, um ihr Vermögen vor der Steuer zu retten. Wenn sie schon einen finanziellen Beitrag für das Gemeinwesen abdrücken müssen, dann wollen sie wenigstens mitbestimmen, was mit dem Geld passiert – und nebenbei wertvolle Statuspunkte sammeln.

Und so gibt es denn eine Franz-Beckenbauer-Stiftung, eine Michael-Stich-Stiftung, eine Udo-Jürgens-Stiftung, eine Heinz-Sielmann-Stiftung und so weiter und so fort. Mal geht es um den Schutz weißer Tiger, mal um die Hilfe für HIV-infizierte Kinder, mal um finanzielle Unterstützung für ein Ballett in St. Petersburg. Die Motive sind vielschichtig – mancher wird zum Stifter, weil er sich dadurch endlich Medienpräsenz erhofft. Andere wollen ererbtes Geld, das sie nicht für ihren eigenen Lebensunterhalt benötigen, sinnvoller anlegen als in irgendeinem Immobilien-Fonds. Und die Nächsten wollen anderen ihr selbst erlebtes Leid ersparen und mit dem Stiftungskapital nur den Grundstock legen für weitere noch zu akquirierende Spenden.

Es muss ja nicht gleich eine eigene Stiftung und auch nicht für die Ewigkeit sein. Trotzdem sollten Sie einem Zweck treu bleiben und nicht jede karitative Modewelle (gestern Waldsterben, heute Krebshilfe, morgen Hilfe für Terroropfer) mitmachen.

Einer der ersten, der mit seiner Stiftung Aufsehen erregte, war der Schauspieler Karlheinz Böhm, dessen Einsatz für das Projekt »Menschen helfen Menschen« mit einem lautstarken Fernsehauftritt bei einer der ersten »Wetten, dass …«-Shows zündete wie eine Bombe. Er wettete, dass nicht mal jeder dritte Zuschauer bereit sei, eine Mark, einen Franken oder sieben Schilling für Menschen in der Sahel-Zone zu spenden. Man konnte sich bei einem Millionenpublikum leicht ausrechnen, wie viel Geld und ergo Gutes dabei herauskäme, sollte er die Wette verlieren. Ein halbes Jahr später flog er mit 1,2 Millionen Mark nach Afrika. Böhm zeigte, wie man sich für andere stark machen und dafür einen starken Auftritt und eine clevere Idee vor Millionenpublikum nutzen konnte. Innerhalb von zwanzig Jahren sammelte er knapp 200 Millionen Euro an Spenden, baute mehr als 700 Brunnen und sechzig Schulen – wertvolle Hilfe für den zweitärmsten Landstrich der Welt.

Böhm verlässt sich in seiner Benefiz-Arbeit auf Profis. Eine vierköpfige PR-Abteilung betreut gesponserte Anzeigenkampagnen und vertreibt mittlerweile eine umfangreiche Produktpalette: Das Angebot reicht von Folklore-CDs über Fotokalender bis zu von Böhm selbst gesprochenen Hörbüchern. Böhms Stiftung lebt von der Personality-PR rund um den Schauspieler – und umgekehrt. Denn die Reputation des Schauspielers hat sich durch sein Engagement sicherlich nicht verschlechtert.

STATUS-TIPP

Leben Sie Ihre kreativen Seiten mit ganzem Herzen – in doppeltem Wortsinn: Vielleicht malen Sie gern? Dann kopieren Sie Alte Meister und versteigern die »Fälschungen« für einen guten Zweck. Oder Sie spielen in einer Band? Dann gehen Sie auf Tournee und spenden Sie den Erlös für eine gute Sache! Sie joggen lieber? Dann sammeln Sie beim Volkslauf Kilometergeld für bedürftige Menschen!

Trotzdem: Als öffentlicher Gutmensch erntet man nicht nur Anerkennung. Manchen wird, wenn sie zum Beispiel mit einer Stiftung an die Öffentlichkeit gehen, der moralische Zeigefinger auf die Brust gedrückt: Fernsehpfarrer Jürgen Fliege gründete seine nach ihm benannte Stiftung, als mit der Zuschauerpost immer häufiger unaufgefordert Geldscheine oder Schecks in die Redaktion flatterten. Die Produktionsfirma seiner Talkshow stiftete 1995 eine Million Mark. In den letzten Jahren wurde die Stiftung so professionell geführt, dass jährlich etwa zwei Millionen Spenden einlaufen, die dann unter mildtätigen Gesichtspunkten an Bedürftige in etwaigen Notlagen ausgeschüttet werden. Obwohl Pfarrer Fliege alle Möglichkeiten gehabt hätte, in seinen Talksendungen für die Stiftung um Spenden zu bitten, verzichtete er auf derartige PR-Offensiven. Zum einen würden durch derartige Aufrufe nicht nur Geldspenden, sondern auch Bettelbriefe angezogen, zum anderen fürchtete Fliege die Kritiker: »Es gilt noch immer als suspekt, dass ein Pfarrer Fernsehen macht, erst recht wenn er auch noch Geld sammelt«, gestand Fliege dem *PR-Magazin.*

Der Statusgewinn durch Wohltaten ist also nur mit Fingerspitzengefühl zu erwerben. Auch Karl-Heinz Böhm machte sich mit seinem Spendet-eine-Mark-Auftritt bei »Wetten, dass …« nicht nur Freunde: Kritisiert wurde vor allem, dass die Verwaltungskosten für die Eine-Mark-Überweisungen natürlich unverhältnismäßig hoch waren – und die schärfsten Kritiker unterstellten sowieso reinen Eigennutz, denn dank seines Engagements für Afrika war der abgehalfterte Kaiser-Franz-Joseph-Darsteller plötzlich wieder ein Star und fand mit seiner Stiftung ein neues Betätigungs- und (Selbst-)Darstellungsfeld.

Während der englische Philosoph Thomas Hobbes den Menschen ohnehin als »Wolf unter Wölfen« ansieht und das »Wohlwollen« lediglich als geeignet, seine Macht und Ehre gegenüber seinen »Mitwölfen« zu erhöhen, betrachtet sein schottischer Kollege David Hume das Wohlwollen neben der Gerechtigkeit als wichtigste soziale Tugend.

Für den deutschen Philosophen Arthur Schopenhauer gibt es überhaupt nur drei »Grund-Triebfedern« des menschlichen Handelns: den Egoismus, der das eigene Wohl will, die Bosheit, die das fremde Weh will, und das Mitleid, das das fremde Wohl will. »Die Welt ist meine Vorstellung«, ist der erste Hauptsatz seiner Philosophie. Für ihn gibt es nichts Beobachtetes ohne Beobachter, kein Objekt ohne ein Subjekt. Was uns als Welt erscheint, ist nur für uns, nicht an sich. Schopenhauer glaubt an die Vernunft ebenso wenig wie an den Menschen – er ist Pessimist. Leben ist für ihn gleichbedeutend mit Leiden. Er selbst litt vor allem an der jahrzehntelangen Nichtbeachtung seiner Philosophie. Erst nach dem Fehlschlagen der deutschen und österreichischen Revolutionen von 1848 konnte man sich mit dem Schopenhauer'schen pessimistischen Blick identifizieren, und seine Philosophie fand zunehmend Beachtung und Einfluss.

In der Ethik vertritt Schopenhauer im radikalen Unterschied zu Kant eine Mitleidsethik. Der einzige Grund, uneigennützig zu handeln, ist die Erkenntnis des Eigenen im Anderen – das ist Mitleid. So bemerkt der vom blinden Willen umgetriebene Mensch, dass in allen anderen Lebewesen derselbe blinde Wille haust und sie ebenso leiden lässt wie ihn – daher leidet er mit ihnen. Es folgt hieraus ein im Vergleich zu Kant radikal anderer »Imperativ«. Bei Schopenhauer lautet das Prinzip aller Moral: »Verletze niemanden, vielmehr hilf allen, soweit du kannst«. Schopenhauer schließt in seine Ethik eindeutig auch den Schutz der Tiere mit ein, so meint er: »Mitleid mit den Tieren hängt mit der Güte des Charakters so genau zusammen, dass man zuversichtlich behaupten darf, wer gegen Tiere grausam ist, könne kein guter Mensch sein.«

Der etwas jüngere deutsche Philosoph Friedrich Nietzsche dreht Schopenhauers These vom Mitleiden ins Gegenteil um: Weil das Leben zu bejahen sei, gelte das Mitleid – als Mittel zur Verneinung – als Gefahr. Es vermehre das Leiden in der Welt und stehe dem schöpferischen Willen, der immer auch vernichten müsse, entgegen. Mitfreude oder eine generelle Lebensbejahung (amor fati) seien die höheren und wichtigeren Werte. Mit Methoden der Geschichts-, Kultur- und Sprachwissenschaft geht er der Herkunft und Entstehung moralischer Denkweisen auf den Grund, etwa in seiner Schrift »Zur Genealogie der Moral«.

Vor allem in seinem Buch »Menschliches, Allzumenschliches« richtet sich Nietzsche gegen die Moral im Allgemeinen und die christliche Moral im Besonderen. Allzu leichtfertig habe die bisherige Philosophie und Wissenschaft herrschende Moralvorstellungen unkritisch übernommen, statt sich dagegenzustellen. »Jenseits von Gut und Böse«, wie eine andere berühmte Schrift Nietzsches betitelt ist, also jenseits aller moralischen Wertungen, habe freies und aufgeklärtes Denken zu funktionieren.

Die Herrschenden, die zu sich selbst und ihrem Leben Ja sagen könnten, während sie die anderen als »schlecht« (vom Wortstamm: »schlicht«) abschätzten, entwickelten eine »Herrenmoral«. Den Armen, Ohnmächtigen, Kranken und Hässlichen bliebe nur eine »Sklavenmoral«, in der sie sich nur deswegen für »gut« hielten, weil sie ihr Gegenüber – die Herrschenden, Glücklichen, Ja-Sagenden – als »böse« bewerteten. Aus Missgunst, Neid und Schwäche (vor allem angesichts der Realität und des Lebens selbst) schüfen sich die »Missratenen« eine imaginäre Welt voller »Ressentiments« (zum Beispiel das christliche Jenseits oder die sozialistische Utopie), in der sie selbst die Herrschenden sein könnten und ihren Hass auf die »Vornehmen« auslebten.

Es geht auch mit weniger Geld und ganz ohne Stiftung. Man kann einfach eine Initiative starten. So gründeten diverse Münchner Medienhäuser, vom Süddeutschen Verlag bis Burda, die Initiative »Paten für Toleranz«, die den Bau des jüdischen Zentrums am Münchner Jakobsplatz unterstützt. Schnell fanden sich die ersten vierzig Paten, darunter bereits bekannte Charity-Namen wie zum Beispiel Regine Sixt, aber auch die Chefredakteurin der *Bunte* Patricia Riekel, Schauspielerin Maria Furtwängler sowie Michael Käfer.

Die Stuttgarter Börse wiederum startete eine Initiative »Manager malen«, bei der sich prominente Unternehmensstrategen kreativ betätigten: Modedesigner Wolfgang Joop, VW-Chefdesigner Murat Günak, Ex-Vorstandschefin der Citibank Christine Licci, Arbeitgeber-Präsident Dieter Hundt und mal wieder Regine Sixt. 31 Bilder kamen zusammen, die bei Ebay zu Gunsten der Mentor-Stiftung versteigert wurden.

Der Online-Auktionär Ebay ist inzwischen einer der Hauptpartner für derlei Benefiz-Versteigerungen. Und auch hier will niemand sogleich Eigennutz unterstellen, obwohl Ebay sicherlich von dem Medien-Rummel um solche Promi-Wohltätigkeitsevents am meisten profitiert. Eine Anzeigenkampagne hätte weniger Aufmerksamkeit gebracht und mehr gekostet. Honi soit qui mal y pense – Ein Schelm, wer Böses dabei denkt!

Bei der »Manager malen«-Aktion gab es übrigens auch prominente Absagen: Show-Master Thomas Gottschalk und der Chef des Stromkonzerns EnBW Utz Claasen. Beide hatten keine Zeit. Es gibt also doch Wichtigeres, als Gutes zu tun? Das gibt garantiert Abzüge im Status-Quartett? Doch zumindest der EnBW-Manager konnte seine Statuspunkte retten. Er war nämlich wenige Wochen zuvor gerade Vater geworden und hatte damit einen ganz besonderen Joker im Status-Quartett auf der Hand: Kinder!

Kinder und Hunde taugen als Statusattribute

Natürlich scheint es zunächst widersinnig, wenn jemand behauptet, Kinder seien ein Statussymbol. »Wie das?«, ruft man empört und schüttelt den Kopf. Kinder sind etwas anderes als ein Auto oder eine teure Armbanduhr! Kinder sind Lebewesen und keine dekorativen Objekte! – Also gut, fangen wir zuerst mit Hunden an, da ist es leichter zu akzeptieren, dass Menschen sie als Statussymbole einsetzen.

Schon auf Herrscherdarstellungen der frühen Neuzeit finden sich immer wieder Abbildungen von Hunden. Karl IV. von Spanien zum Beispiel ließ sich mit einem treuen Vierbeiner malen. In einer Darstellung Friedrichs des Großen springen seine Windhunde durch die klassizistische Architektur und bekommen sogar eigene Gräber. Reichskanzler Otto von Bismarck ließ sich mit grimmiger Miene im langen glänzenden Ledermantel und in Begleitung von Sultan I und Sultan II, seinen Jagdhunden, fotografieren. Zu Füßen von Adolf Hitler liegt selbstverständlich ein Deutscher Schäferhund.

Auch von Alt-Kanzler Schröder gibt es Bilder mit Hund. Wenn Schröder sich mit angeleintem, spielendem Hund beim Spaziergang in der Hannover'schen Eilenriede fotografieren lässt, dann tut er das, weil er sich einen Imagegewinn davon erhofft. Und der besteht nicht in einer Machtgeste, wie sie Hitler oder Bismarck durch die gehorsamen Hunde ausübten, die beide für ihre weitaus gefährlicheren Hunde keine Leine brauchten. Sie besteht vielleicht in der spritzigen Vitalität des Hundes, immerhin zieht Holly an der Leine. Aber dennoch sieht es nicht aus, als ob der Kanzler Mühe hätte, dem Hund zu folgen. Nein, hier geht es um den Sympathiefaktor, um das Niedliche, das Süße, um die Menschlichkeit eines mächtigen Mannes, der sich die Zeit nimmt, um einen kleinen Terrier spazieren zu führen. Borderterrier Holly ist so süß, dass er mittlerweile als Werbefigur einer Hundefutterlinie der Drogeriekette Rossmann auftritt.

Die Botschaft ist eindeutig: Auf dem besagten Kanzler-Porträt sehen wir keinen imposanten Herrscher, sondern einen netten Familienvater, der einen Sonntagsspaziergang unternimmt, ohne Hut und Stock, einfach nur den Mantel übergeworfen und los. Man sieht förmlich die Szene vor sich, wie sie sich bei Schröders daheim abgespielt hat: »Gerhard, der Hund muss raus!« – »Kein Problem, Doris-Schatz, ich geh schon.« – »Du bist ein Engel, Schatz! Wo du doch eigentlich all die dicken Akten lesen müsstest.« – »Ach nein, Liebes, ich mach's doch gern. Die frische Luft wird mir gut tun. Wir sind rechtzeitig zum Essen wieder zurück …« Was für ein netter Mann!

Hunde taugen als schmückendes Attribut. Kulturjournalistin Verena Auffermann attestiert Holly die Gabe, »Bonuspunkte fürs Kanzlermarketing zu sammeln«. Hitler demonstrierte Menschlichkeit, indem er sich mit Blondie, seinem geliebten Schäferhund, zeigte, dem er kurz vor dem eigenen Selbstmord ebenfalls eine Zyankalikapsel ins Maul drückte. Das klingt so pervers, wie es war. Jahrzehntelang wagte es kaum ein deutscher Politiker, sich mit Schäferhund zu zeigen. Altkanzler Kohl hatte damit kein Problem. Er brachte seinem Schäferhund Igo sogar skurrile Dressurnummern bei: Beim Wort »Christdemokraten« wedelte Igo freudig mit dem Schwanz; hörte er »Soz«, begann er zu knurren, und beim Kommando »Freidemokraten«, legte er sich auf den Rücken und strampelte mit den Beinen.

Politiker zeigen sich nicht nur gern mit Hunden, sondern auch gern mit Kindern. Denn auch Kinder taugen zum Attribut, auch wenn man sich das nur ungern eingesteht. Das klassische Familienfoto aus der Biedermeierzeit, also der Frühzeit der Lichtbildkunst, als die Fotografie an sich schon ein Statussymbol war, wurde mit viel Aufwand inszeniert. Die klassische Aufstellung sah vor, dass Muttern auf einem Stuhl saß, die Kinder – je nach Zahl – rechts, links und davor gestellt wurden und hinter ihnen der stolze Familienvater thronte, der all diese Menschen ernährte und versorgte. Die Familie gereichte dem Manne zum Stolz, die kinderreiche umso mehr. Eben das wurde für die Umgebung und für die Nachwelt bildlich festgehalten.

STATUS-TIPP

Kinder sind ein Karrierekiller? Von wegen. Immerhin muss man sich die Kinder erst mal leisten können und idealerweise eine Frau zu Hause, die einem den Rücken freihält und sich um den Nachwuchs kümmert. Sie haben keine Kinder? Dann zeigen Sie Herz und engagieren Sie sich wenigstens für Kinder in Not. Tierschutz ist eine Alternative, aber nicht ganz so beeindruckend.

Nicht viel anders ist es heute. Ursula von der Leyen, Familienministerin im Kabinett Merkel, hat ihren Wahlkampf weniger über Inhalte als über die Status-Karte

Gemeinsinn durch Kinderreichtum geführt. Sieben Kinder sind es an der Zahl, und ganz gleich, wie kurz die Beschreibungen über die Politikerin auch ausfielen, die sieben Kinder kamen allemal drin vor. Auf Presse-Fotos von der Großfamilie fehlt gelegentlich der Mann, aber selten eines der Kinder.

Dass Kinder zum Statussymbol taugen, zeigt sich spätestens bei genauer Analyse der Werbung. Wenn nörgelnde Gören durch Schokoriegel, Fischstäbchen oder Blubb-Spinat in süße Zwerge verwandelt werden können, dann liegt das daran, dass Kinder diese Produkte konsumieren sollen. Die Werbung spiegelt in solchen Fällen, also bei der bildlichen Produktdarstellung, bloß die anvisierte Zielgruppe. Wenn es bei den Inhalten der Reklame eigentlich um Mode, Parfüms, Mobilfunk-Verträge oder Kreditkarten geht, dann haben Kinder hier eigentlich nichts zu suchen – es sei denn als schicke Accessoires der anzusprechenden Zielgruppe. Und so scheint es zu sein: Denn in den letzten Jahren hat die Präsenz von Kindern in Werbespots für nicht kindbezogene Produkte vehement zugenommen.

Die Telekom wirbt mit Plakaten an Bushaltestellen, auf denen man nicht etwa Telefone, sondern ein schlafendes Baby sieht. Slogan: »Stolz«. Vorwerk – der Wuppertaler Küchengeräte- und Staubsaugerhersteller – machte in wenigen Sende-Sekunden vor der Tagesschau groß Furore: Der Spot zeigte einen »ganz normalen« chaotischen und stressigen Alltag im Leben einer Hausfrau und Mutter, die bei einer Party am Abend selbstbewusst über ihren Beruf spricht: »Ich leite ein erfolgreiches kleines Familienunternehmen.« Damit auch jeder weiß, dass man sich ein Kind leisten kann, kleben sich Familienväter ans Heck ihres Kombis Aufkleber mit dem sinnig variierten Intel-Werbespruch »Baby inside«. Und die Hamburger Kreativ-Avantgarde steckt ihre Zöglinge in Designer-Strampler von Maegde & Knechte mit dem Aufdruck »It's a Sohny!«

Wer sich als Mutter oder Vater um Kinder kümmert, tut etwas für das Gemeinwohl, so wird allerorten betont – er oder sie zieht die Rentenzahler der Zukunft groß und sichert den Nachschub für die deutsche Wirtschaft. Nebenbei sammelt er oder sie durch seine Fürsorglichkeit ordentlich Statuspunkte. Kein Wunder also, dass in den Lebensläufen der Top-Manager und führenden Politiker neben dem Familienstand »verheiratet« oder der Floskel »glücklich verheiratet« grundsätzlich die Zahl der Kinder genannt wird: Ex-Superminister Wolfgang Clement hat fünf, Daimler-Manager Eckhard Cordes drei, Allianz-Vorstand Michael Diekmann drei, E.on-Chef Ulrich Hartmann zwei, der Vorstandsvorsitzende der BASF Jürgen Hambrecht vier, VW-Boss Bernd Pischetsrieder zwei, SAP-Vorstandssprecher Henning Kagermann drei, Ex-DaimlerChrysler-Chef Jürgen E. Schrempp vier, Deutsche-Bank-Aufsichtsratschef Breuer hat fünf und Ex-VW-Chef Piëch gar zwölf, auch wenn er in einem Interview spitzbübisch verlauten ließ: »Etwa ein Dutzend. So genau weiß man das nicht.«

Warum steht das da? Befähigen Kinder zu Führungsaufgaben? Warum sitzen dann so wenige Frauen in den Vorstandsrunden? Und anders gefragt: Die Väter haben zwei, drei oder meinetwegen mehr Kinder, aber was haben die Kinder von ihnen? Hat er wirklich noch Zeit, ihnen abends Gutenachtgeschichten vorzulesen? Oder ihnen bei den Schulaufgaben zu helfen? Oder die Welt zu erklären? Das steht leider nicht in den Lebensläufen und scheint im Status-Quartett unerheblich. Obwohl:

Bei Angela Merkel wird gemeinhin nicht davon gesprochen, dass sie Mutter von zwei Kindern sei. Schließlich sind die beiden Söhne ihres Mannes aus erster Ehe und beide leben bei der Mutter. Die »Stiefmutter« kümmere sich nicht um die Kinder, heißt es. Mag sein. Aber ob das bei den Vorständen so viel anders ist? Oder spielen die vielleicht alle mit gezinkten Karten Status-Quartett …?

»Ich habe Weitblick!« –
Weltoffenheit, die sechste Tugend

Fast jeder kleine Junge träumt davon, eines Tages als Astronaut ins Weltall zu fliegen. Nur sehr wenige tun es. Aber der Traum bleibt, und mancher ist bereit, allerhand zu investieren, um ihn vielleicht doch noch wahr werden zu lassen. Paul Allen, der Mitbegründer von Microsoft, gehört dazu. Auch der Hollywood-Schauspieler Tom Hanks ist bekennender Weltraumfan. Jeff Bezos, der Gründer und Chef des Internetbuchhändlers Amazon, ist ebenfalls mit von der Mondpartie. Und Eugene W. Roddenberry, Sohn des Star-Trek-Schöpfers Gene Roddenberry, ist der Vierte im Bunde. Die finanzstarken Hobby-Astronauten finanzieren die Firma Scales Compositions in Mojave, Kalifornien. Ihr Produkt: SpaceShipOne, eine fliegende Kugel mit stumpfen Tragflächen – oder im Klartext: ein Raumschiff. Dieses Fluggerät hängt unter einem zweistrahligen Turbojet und wird von diesem Mutterschiff bis in 16 Kilometer Höhe geschleppt, wo sich die Rakete ausklinkt und mit ihrem Hybridantrieb auf hundert Kilometer Höhe schraubt.

Von dort, dem Suborbit, hat man einen Blick auf die Erde, wie man ihn von Satellitenfotos kennt: Der Wasserplanet erscheint als blauer Ball. Und einen Schnappschuss von diesem Anblick soll man bald von dieser neuen Art von Urlaub mitbringen können. Das jedenfalls ist die Geschäftsidee der kalifornischen Fluggesellschaft: Weltraumtourismus für alle. Schon in den nächsten Jahren soll ein solcher Suborbitalflug auf ein Preisniveau von etwa 80 000 Dollar sinken. Das Marktforschungsinstitut Zogby, das 2002 eine Umfrage unter Millionären machte, sieht in dieser Preisklasse ein Potenzial von 15 000 Passagieren pro Jahr. Vor der Realisierung dieser Vision stehen jetzt nicht mehr technische, sondern vor allem bürokratische Hürden: Denn für die Genehmigung von Privat-Flugreisen ist in den USA die Federal Aviation Administration zuständig, die für ihre jahrelangen Zulassungsprozesse berüchtigt ist. 2004 wurde aber bereits ein Gesetz erlassen, das Weltraumtourismus erleichtern soll.

Das sind alles keine Hirngespinste von ein paar Bekloppten, die ein paar Scheine zu viel auf dem Konto haben oder sie denen mit noch mehr davon aus der Tasche ziehen wollen. Die ersten Touristen im Weltraum hat es bereits gegeben. Ende April 2001 flog der US-Amerikaner Dennis Tito zur Internationalen Raumstation ISS ins Erd-Orbit. Ein Jahr später machte es ihm der Südafrikaner Mark Shuttleworth nach. Beide bezahlten für ihren Kurztrip mit der russischen Sojus-Kapsel ins All etwa zwanzig Millionen Dollar. Seither gibt es zahlreiche Ansätze, diese neue Art von Fernreisen einem breiteren Publikum zu ermöglichen. Trainingseinheiten für Weltraumtouristen werden jedenfalls schon angeboten, beispielsweise Testflüge mit Raumschiffsimulatoren oder Parabelflüge im Juri-Gagarin-Kosmonautenzentrum im Sternenstädtchen bei Moskau. Nach und nach werden auch in Deutschland und Österreich so genannte Astronautenflüge in kleineren Flugzeugen kommerziell angeboten. Reservierungslisten für Weltraumflüge findet man bereits heute im Internet, damit man nicht so lange warten muss, wenn es denn eines Tages wirklich losgeht.

Vielleicht gehört in wenigen Jahrzehnten der Mondbesuch zum Standardrepertoire des statusbewussten Aufsteigers. Denn Reisen, wenngleich derzeit nicht ganz so weit weg, ist Pflicht im Status-Quartett. War noch vor etwa zwei Generationen die zweiwöchige Kur in Bad Lauterberg im Harz oder die Bustour nach Venedig für den Durchschnittsbürger das Höchste der Gefühle, sind heutzutage Flüge auf die Malediven oder Pauschalreisen auf die kanarischen Inseln völlig selbstverständlich. Urlaub ist nicht nur arbeitsfreie Zeit, sondern vor allem ein gründlicher Tapetenwechsel in möglichst fernen Ländern. Wer noch nie auf einem anderen Kontinent war, hat im Status-Quartett schlechte Karten. Afrika, Australien, Asien sind nahe gerückt, Amerika liegt gewissermaßen vor der Haustür.

Und so muss man schon einiges an Kilometern runterreißen, wenn man in der Status-Tugend *Weltoffenheit* mithalten will. New York ist schon fast nah genug für einen Wochenendtrip, London, Paris, Prag sind Reiseziele für ein ausführliches Frühstück oder einen amüsanten Theaterbesuch. Ins Museum fährt man nach Berlin, Düsseldorf, München, Stuttgart oder Mönchengladbach; zum Golfturnier nach Gut Kaden bei Hamburg oder nach St. Leon Rot bei Heidelberg; zum Gourmet-

Abendessen nach Bergisch Gladbach, Aschau oder Baiersbronn – und das sind nur die Freizeittermine im Wochenendprogramm. Unter der Woche reist man zu Meetings mit den Aktionären nach Frankfurt, zur Pressekonferenz nach Düsseldorf, zur Messe nach München und zum Business-Empfang nach Berlin. Die Städte sind austauschbar, die Anlässe auch. Und schon längst bleibt man dabei nicht nur inner-national. Das Geschäftsleben ist international geworden und somit auch der Arbeitsweg.

Kosmopolitismus (von griech. Kosmos – Welt und politês – Bürger), zu Deutsch Weltbürgertum, ist ein philosophisch-politischer Standpunkt, der den ganzen Erdkreis als Heimat betrachtet und alle Menschen als Mitbürger und Geschwister ansieht. Er ist das Gegenstück zum Nationalismus.

Seine Anfänge reichen bis in die griechisch-hellenischen Ideengeschichte zurück, wo er unabhängig von jedwelchen Staatsideen als mögliche Lebensform des Einzelnen gedacht wird. In der Philosophenschule der Stoiker (Zenon und andere) wurde er auch zu einer Ethik der Toleranz weiterentwickelt.

Einen mächtigen Schub bekommt der Kosmopolitismus in der Aufklärung. Viele der großen Denker schreiben über dieses Ideal, so zum Beispiel der Weimarer Prinzenerzieher Christoph Martin Wieland in seinem Werk »Das Geheimnis des Kosmopolitenordens« oder Lessing in »Die Erziehung des Menschengeschlechts«. Dem schließt sich Johann Gottfried Herder mit seinem

Werk »Auch eine Philosophie der Geschichte zur Bildung der Menschheit« an.

In der DDR galt Kosmopolitismus als anstößige Ideologie. Im Meyers Neuem Lexikon der DDR von 1963 heißt es: »unwissenschaftliche, äußerst reaktionäre Ideologie der imperialistischen Bourgeoisie, die in verschiedenen Spielarten auftritt. ... Er wird bes. vom amerikanischen ... Imperialismus propagiert, deren Expansionsbestrebungen er apologetisch mit ›allgemein menschlichen Interessen‹ zu verschleiern sucht. Der K. ist eine demagogische, historisch unwahre Kritik der angeblich ›überlebten‹ und ›egoistischen‹ Ideen der nationalen Souveränität ... Die Kehrseite des K. ist der bürgerliche Nationalismus. K. und Nationalismus sind dem proletarisch-sozialistischen Internationalismus und Patriotismus völlig entgegengesetzt.«

Mit der zunehmenden Ökonomisierung der Gesellschaft hat der Begriff der »Globalisierung« den Gedanken des Kosmopolitismus weitestgehend ersetzt. Eine andere, wenig gebräuchliche Bezeichnung ist Mondialisierung (frz. le monde – Welt). Einige reden lieber von Entnationalisierung oder Denationalisierung, um auszudrücken, dass der Nationalstaat im Zuge der Globalisierung immer mehr an Macht und Bedeutung verliert.

Befürworter der Globalisierung sehen darin eine Entwicklung zur weltweiten Verfügbarkeit von Elementen aller Kulturen (beispielsweise Restaurants deutscher Tradition in Afrika, afrikanische Musik in Deutschland, das in England erfundene Chicken Tikka in Indien, die Übernahme der englischen Sprache durch ehemalige Kolonien etc.). Die Verdrängung der einheimischen Kulturen spiele sich häufig nur auf einer oberflächlichen

Ebene ab. Einflüsse würden lokal modifiziert und in die eigenen kulturellen Wertvorstellungen eingebunden. Außerdem verbessere sich die Situation vieler Menschen bzw. Menschengruppen durch den Kontakt mit der westlichen Kultur, etwa indem die Gleichberechtigung der Frau zum Thema wird.

Gerade jedoch die vorrangige Ausbreitung »westlicher« Wertvorstellungen und Lebensstile ist es, was die Kritiker auf den Plan ruft. Eine moderne Kolonialisierung mittels Film, Fernsehen, Werbung, Musik und Mode sei das Ergebnis. Der Massentourismus in die exotischen Urlaubsländer führe immer stärker zum Rückgang der kulturellen Traditionen vor Ort, weil im Zuge einer wachsenden Abhängigkeit fast nur noch für die Touristen gelebt und gearbeitet werde.

Andererseits führt Globalisierung aber auch zu einem globalen Einfluss »östlicher« bzw. asiatischer Kulturen: »Westliche« Unternehmer und Politiker führen öfter die für sie im »östlichen« Ausland besseren Umgebungsbedingungen an und stellen teilweise die »westlichen« Standards in Frage. Das Verhalten eines Teils der »asiatischen« Arbeitnehmer beispielsweise wird im »Westen« nicht selten als positives Beispiel für die Wirkung »asiatischer Werte« gesehen, die als »Dynamik« verstanden wird, von der man hierzulande noch lernen könne.

Mit den Themen Globalisierung und den damit verbundenen Folgen für die Gesellschaft hat sich in den letzten Jahren vor allem der deutsche Soziologe Ulrich Beck befasst. Beck plädiert dafür, neue Prioritäten zu setzen: Vollbeschäftigung sei angesichts der Automatisierung nicht mehr erreichbar, nationale Lösungen seien unrealistisch, »neoliberale Medizin« wirke nicht. Stattdessen müsse der Staat ein Grundeinkommen garantieren und dadurch mehr zivilgesellschaftliche Arbeit ermöglichen. Eine solche Lösung sei nur realisierbar, wenn auf europäischer Ebene einheitliche wirtschaftliche und soziale Standards gelten würden. Nur so sei es möglich, die transnational agierenden Unternehmen zu kontrollieren. Die Welt sei eine »Weltrisikogesellschaft« geworden. Dies verdeutlicht auch das kosmopolitische Bewusstsein der gemeinsamen Bedrohung durch Terrorismus oder Umweltkatastrophen.

Es gibt allerdings auch Stimmen, die bestreiten, dass es so etwas wie Globalisierung überhaupt gibt: So konzentriert sich ein Großteil der Weltproduktion immer noch auf sehr wenige Länder, insbesondere auf die USA, Japan und Deutschland. Hier vereinigen gerade mal acht Prozent der Weltbevölkerung fast die Hälfte des globalen Bruttonationaleinkommens (BNE) auf sich. Handelsströme fließen in erster Linie zwischen Industrieländern und umfassen nur einzelne Inseln der Entwicklungsländer, wobei derzeit China einen besonderen Wachstumsmarkt darstellt. Direktinvestitionen finden überwiegend zwischen den Industrieländern statt. Krisen treffen in erster Linie die Entwicklungsländer, nicht die Industrieländer. Insofern versteckt sich auch hinter dem Begriff Globalisierung weniger eine wirtschaftliche Realität als eine sozialgesellschaftliche Idee.

Typisches Accessoire des Kosmopoliten:
der Hackenporsche

Kein Wunder, dass der Rollkoffer zum Statusaccessoire des leitenden Angestellten schlechthin geworden ist. Die typische Handbewegung beim heiteren Beruferaten »Was bin ich?« sähe beim modernen Manager so aus: Kaum ist man die Gangway aus dem Flieger hinabgestiegen oder hat auf dem Gepäckband den eigenen Koffer aus dem schwarzen Einheitslook herausgefischt, wird mit betonter Beiläufigkeit das Programm abgespult: Während die eine Hand das Handy ans Ohr drückt oder eine SMS aufs Display ruft, greift die andere routiniert an den Griff mit dem kleinen Knopf. Es rattert, klappert, zurrt und zuckt, und schon dackelt das kleine schwarze Köfferchen als flotter Hackenporsche hinter dem adretten Geschäftsmann her.

Die Zeiten, als die Herrschaften mit Schrankkoffer reisten, sind schon deshalb vorbei, weil es längst kein Personal mehr gibt, das die edlen »Kleidergewichte« stemmen könnte. Die Trolleys sind für Selbstträger erfunden, die allerdings nicht selbst tragen wollen – und die das auch gar nicht müssen. Nicht nur dank der Rollen, sondern auch wegen der gefälligen Basis. Denn die kleinen Rollen würden auf unebenem Boden ziemlich schnell ihren Dienst verweigern. Trolleys rollen nur auf glattem Untergrund, setzen also voraus, dass ihre Besitzer sich bloß über glatte Kunststoffböden der Flughäfen, Steinböden in Bahnhöfen, Asphalt am Taxistand oder den Teppichboden von Hotels bewegen. Rasen, Kopfsteinpflaster oder Sand wären das Ende der Reisefreiheit.

Der Rollkoffer belegt den Status seines »Vorrollers«,

der in einem minutiös geplanten Tagesablauf bequem und sicher durch sein fugenloses Leben gleitet. So aalglatt und souverän, wie es der Gelegenheitspassagier mit seinem überdimensionierten Urlaubskoffer niemals könnte. Der zieht sein viel zu schweres Kunstlederungetüm an einer labberigen Schlaufe mühselig hinter sich her, und entsprechend mühelos ist selbst für den Laien zu erkennen, wer in der gesellschaftlichen Hierarchie höher steht.

Bei den üblichen Trolley-Touren sehen die Reisenden im Prinzip nichts von der Welt. Mit dem Taxi zum Flughafen, mit dem Flieger von einem Flughafen der Welt zum anderen, der genauso aussieht. Laufbänder, Sicherheitschecks, ungemütliche Wartehallen, Tax-Free-Shopping und Coffeebars. Dann mit dem Airport-Express ins Hotel oder zum Kongresscenter oder zum Kunden in die Firmenzentrale. Immergleiche Marmorfoyers, gläserne Fahrstühle, gedämpfte Konferenzräume, grünpflanzenbewehrte Großkantinen mit Salatbar und Obsttheke. Abends mit dem Airport-Express zurück zum Flughafen – und dann das ganze Programm im Rückwärtslauf. War man in Wien? In Budapest? In Madrid? Turin? Egal! Der kosmopolitische Geschäftsmann ist mehrfach um die Welt gereist und hat nichts von ihr gesehen. Insofern ist der Trolley ein Statussymbol, das eher in die Kategorie *Erfolg* als in die Kategorie *Weltoffenheit* passt.

STATUS-TIPP

Eine Miles & More Karte kostet nichts und gehört in jedes Portemonnaie. Buchen Sie auf jeden Fall »etix«, also ein elektronisches Ticket, egal wie selten Sie fliegen. Das wirkt immer so, als seien Sie völlig routiniert dabei.

Wem diese Verschwendung touristischer und geographischer Erkundungsmöglichkeiten gegen den Strich geht, der muss seine Geschäftsreisen verlängern, um andere Länder und Kulturen wirklich kennen zu lernen. Manchmal mag ein Wochenende genügen, um sich eine Stadt ein bisschen näher anzuschauen und hinterher von den authentischen Eindrücken schwärmen zu können. Wirklich punkten in Sachen Weltläufigkeit kann aber nur, wer auf einen mehrmonatigen Auslandsaufenthalt verweisen kann: zum Beispiel als Ingenieur auf einer Bohrinsel im Golf von Mexiko oder als Projektmanagerin eines Modelabels in einer chinesischen Näherei. Noch besser ist es, wenn man von seiner Firma als Vorbereitung für Führungsaufgaben in Dependancen in fernen Ländern geschickt wird. Nicht umsonst gehören Auslandserfahrung und gute Englischkenntnisse zum absoluten »Must« für Menschen auf dem Weg nach oben. Wer auf ein Studium in drei verschiedenen Ländern oder wenigstens zwei deutschen Städten plus Austauschjahr in Paris verweisen kann, beweist, dass er nicht nur weltmännisch ist, sondern auch flexibel und dynamisch.

Allianz-Vorstand Paul Achleitner, geboren in Linz, studierte in St. Gallen und an der Harvard Business School in Boston, startete dort gleich seine berufliche Karriere, blieb vier Jahre, wechselte von dort für ein Jahr nach New York, zog anschließend für fünf Jahre nach London und dann genauso lange nach Frankfurt, bis er endlich im Vorstand der Allianz in München ankam.

Axel-Springer-Vorstand Mathias Döpfner, geboren in Bonn, wuchs in Offenbach auf, studierte in Frankfurt und Boston, startete seine journalistische Karriere in Frankfurt, wechselte nach München, arbeitete dann in Paris und Brüssel, bekam ein Stipendium für San Francisco, zog anschließend nach Hamburg, war später Chefredakteur in Berlin und Hamburg, wo er schließlich bis zum Vorstand des Medienkonzerns aufstieg.

Deutsche-Bank-Vorstand Rolf E. Breuer, geboren in Bonn, machte eine Banklehre in Mainz und München, studierte dann in Lausanne, München und Bonn, machte Praktika in London und Paris, promovierte in Bonn und startete dann seine Karriere bei der Deutschen Bank in Frankfurt. Mit der Deutschen Bank übernahm er die amerikanische Investmentbank Bankers Trust, die französische Crédit Lyonnais und ging mit der griechischen EFG-Eurobank-Gruppe eine strategische Partnerschaft ein.

Beatrice Weder di Mauro ist mit ihren gerade mal vierzig Jahren nicht nur ein Musterbeispiel für einen kosmopolitischen Lebenslauf, sondern auch für eine besondere Art des Erfolgs: Die Schweizer Wirtschaftsprofessorin ist die erste und einzige Frau in einem Gremium, das den sperrigen Namen »Sachverständigenrat zur Beurteilung der gesamtwirtschaftlichen Entwicklung« trägt, besser bekannt als »Die fünf Wirtschaftsweisen«. Es in den Kreis der männlichen Erlauchten geschafft zu haben spricht nicht nur für ihre Stärken in Sachen *Dynamik,* sondern zuallererst für ihr unglaubliches *Wissen.* Und das hat sich Weder di Mauro in aller Herren Länder angeeignet: Zur Schule ging sie in Guatemala und Basel, Studium und Doktorat absolvierte sie ebenfalls in der Schweizer Stadt am Rhein. Zu Forschungszwecken ging sie nach Washington zum Internationalen Währungsfonds, schloss einen Gastaufenthalt an der Universität in Tokio an, kehrte zurück nach Basel und lehrt heute in der rheinlandpfälzischen Landeshauptstadt Mainz VWL, Wirtschaftspolitik und Makroökonomie.

Über den Metro-Vorstandssprecher Hans-Joachim Körber heißt es, dass sein Rat auf der ganzen Welt gefragt sei: Körber sitzt mit General-Motors-Lenker Rick Wagoner und dem ehemaligen Siemens-Boss Heinrich von Pierer in einem Gremium von »International Business Leaders«, das den Bürgermeister von Shanghai berät. Und der türkische Ministerpräsident Erdogan berief ihn in sein »Investment Advisory Council«. Offenbar ist der oberste Boss vom Media Markt & Co wirklich nicht blöd.

Wer sonst nichts spricht, spricht Denglisch

Für die vielen internationalen Auftritte sollte man möglichst viele Sprachen beherrschen, obwohl es ja allerorten Dolmetscher gibt und alle Welt ein grässliches Allerweltsenglisch spricht. Jedenfalls finden das britische Ureinwohner mit Sprachgefühl. Daniel Goeudevert, der einstige VW-Chef, spricht neben seiner Muttersprache Französisch auch fließend Deutsch. Auf offiziellen Konferenzen redet er natürlich Englisch.

Die deutschen Konzerne sind längst Global Player. Sie sind auch im Ausland vertreten und geben sich kosmopolitisch, indem sie sich neue englische Namen geben. So wurde aus der Deutschen Bundespost die viel internationaler klingende »Deutsche Post World Net«, aus der Deutschen Lufthansa AG die »Lufthansa Aviation Group« und aus der Telekom-Mobilfunk-Sparte schlicht »T-Mobile«. Man spricht Englisch, und wer sonst nichts spricht, spricht Denglisch – einen ätzenden Mischmasch aus echtem und vermeintlichem englischen Fachvokabular mit deutschen Einsprengseln: Vor allem Newcomer in der Computer-Community suchen den Anschluss an den State of the Art der Kommunikation. Bei Meetings redet der ganze Staff darüber, wie man die Probleme mit dem Wording lösen könnte. Man bildet eine Task Force oder einen Think Tank, in dem Leute mit den richtigen Skills nach Synergie-Effekten und einer Win-win-Situation suchen, ohne den Workflow zu unterbrechen oder die Human Resources zu sehr anzugreifen. Schließlich geht es vor allem ums operative Geschäft. Da werden dann Manuals mit allen möglichen Features erstellt, Give-aways kreiert und Leaflets layoutet. Es ist ein echter Challenge, dass das Merchandising in Gang kommt und bei dem schwachen Output der Freelancer am Ende trotzdem der EBIT stimmt. Dafür braucht es ein klares Briefing und noch klareres Feedback. Man könnte die Ergebnisse bei einem Come-together live als Handouts an die High-Potentials übergeben, aber bitte bloß nicht per E-Mail verschicken, die Mailbox ist eh schon voll mit Junk! Am Ende wird ganz bottom-up bei einem Kick-Off-Meeting das Outsourcing der Key Account Manager beschlossen und gemeinsam mit den Consultants der Launch der Start-up-Company, der neuen Cash-Cow, gefeiert. Das gibt bestimmt einen riesen Hype, zu dem sich alle gern committen werden!

Oder so ähnlich.

In früheren Jahren wurden importierte Wörter in ihrer Schreibweise oft dem Deutschen angepasst und erfuhren dabei manchmal auch einen Bedeutungswandel: Bureau wurde zu Büro, Couvert zu Kuvert, Cakes zu Keks und Disquettes zu Disketten. Es gibt aber auch so genannte Scheinanglizismen, also Worte, die nach englischer Herkunft klingen, dort aber gar nicht existieren. Das bekannteste Beispiel ist das Wort »Handy«, das Briten als »mobile phone« und Amerikaner als »cell(ular) phone« bezeichnen. Bei solchen Pseudo-Entlehnungen passiert dann durchaus auch mal ein kleines Sprachunglück, zum Beispiel wenn ein deutsches Unternehmen seine Umhängetaschen ganz modern »Body Bags« nennt, was für den Angelsachsen »Leichensack« bedeutet.

Es gibt viele Diskussionen über die wachsende Zahl an Anglizismen in der deutschen Sprache und die Frage, wie notwendig sie sind oder nicht. Zur Verständigung auf der Faktenebene sind sie – das ist leicht zu erkennen und wohl völlig unstrittig – nicht notwendig. Schließlich könnte man auch ohne Zuhilfenahme von neuartigen Fremdwörtern erklären, wie das »Business« funktioniert. Vielleicht würde mancher sogar eher verstehen, was ein Facility-Manager macht, wenn man ihn Liegenschaftsverwalter oder noch besser Hausmeister nennen würde. Der Newcomer ist ein Neuling, die Flat-Screen ein Flachbildschirm. Aber darum geht es nicht, wenn man Denglisch spricht. Denglisch ist ein Statussymbol. Man zeigt, dass man angekommen ist in der Moderne, dass man weiß, wie es auf der Welt zugeht, dass man überall zu Hause ist, in der Hardwelt des Businessalltags ebenso wie in der Softwelt des Online-Chats.

Was treuen Anhängern der deutschen Sprache die Tränen in die Augen treibt, ist im internationalen Jetset ein klares Premium-Signal. Der Mann von Welt ist so international, dass Englisch ihm selbstverständlich ist und er manchmal die Worte in der Muttersprache nicht mehr findet. Boris Becker sprach eine Zeit lang mit amerikanischem Akzent, so sehr hatte er sich daran gewöhnt, in der Fremdsprache zu parlieren.

Auch manches deutsche Wort hat eine erstaunliche Veränderung durchlaufen: So war der Flieger früher mal

176

ein Pilot; manche kennen ihn auch als Papierflieger, das sind diese Origami-Spielzeuge aus dem Schulunterricht. Heute aber ist es das lässige Kürzel für Flugzeug und ermöglicht einen Stich im Status-Quartett. Wer mit dem »Flieger« anreist, ist modern, zeitgemäß, weltoffen und ergo wichtig.

STATUS-TIPP

Organisieren Sie sich ein Lexikon der wichtigsten Denglisch-Begriffe, sodass Sie im Zweifel beides können: Mitreden, als ob Sie nie anders sprechen würden, und lästern über den Verfall der schönen Muttersprache.

Ob es der Arzt ist, der von einer »Fraktur« spricht statt von einem »Bruch«, der Anwalt sich in juristischem Kauderwelsch verheddert oder der Werber sich hinter Kürzeln von »CD« über »CI« bis »PoS« versteckt –, auch Fachsprachen sind immer ein Statussymbol. Zur Zeit unserer Großeltern galt es noch als gebildet, sich mit lateinischen Floskeln zu schmücken, ganz gleich, ob man jemals das Latinum gemacht hatte oder nicht. Im 18. und 19. Jahrhundert blendete man mit Französisch. Heute ergießt sich der Glanz der weiten Welt in Anglizismen.

Während manche Akzente als schick gelten (etwa bei charmant näselnden Franzosen), ist der gemeine Dialekt verpönt. Sächseln schadet der Karriere, vermeldete das *Manager-Magazin* im Mai 2004. Zwar kann im Außendienst ein Dialekt zum Vorteil gereichen, wenn man zum Beispiel als Staubsaugervertreter einer badischen Hausfrau den besonderen Nutzen einer Aufsteckdüse erklären muss. Schließlich ist bei einer gemeinsamen Sprache gleich eine gemeinsame Basis geschaffen, und bei Haustürgeschäften ist Vertrauen eine wichtige Voraussetzung für den Geschäftsabschluss. Aber im Alltag eines Bankangestellten zum Beispiel wird einwandfreies Hochdeutsch erwartet. Je höher man die Karriereleiter hinaufklettert, desto wichtiger ist eine dialektfreie Sprache. Wo man sich im Vertrieb an der Basis durch Sächseln volksnah zeigen kann und Sympathiepunkte sammelt, wird man auf der Vorstandsetage mitleidig angeguckt.

Ob Schwäbisch oder Bayrisch – jede Mundart gilt als provinziell. Da nützt es auch nichts, dass Dialektforscher versuchen, die verschiedenen Klangfärbungen einer Sprache positiv zu bewerten, und Linguisten darauf hinweisen, dass die deutschen Edel-Federn Schiller Schwäbisch und Goethe Hessisch gesprochen haben. Nein, niemand will und kann sich vorstellen, dass der Geheimrat Johann Wolfgang von Goethe geklungen haben soll wie Heinz Schenk! Selbst teure Imagekampagnen eines wirtschaftlichen Musterländles – »Wir können alles. Außer Hochdeutsch« – konnten dem Schwäbischen nicht zum Prestigegewinn verhelfen. Wem in der Kindheit nicht perfektes Hochdeutsch in den Mund gelegt wurde, der holt es meist mühselig bei Sprecherziehern oder Schauspielern in Rhetorikkursen nach.

Quartettrunde am Stammtisch weltgewandter Alphatiere

Was in der Sprache an Vielfalt verloren geht, wird andernorts gewonnen, trösten sich manche beim Blick auf die Speisekarte ihres Lieblingslokals. Nirgends zeigt sich die globalisierte Welt stärker als in der Esskultur, von Pizza bis Latte Macchiato, Döner bis Lahmacun, Sushi bis Sashimi, TomKaGai bis MaiTai, Hot-Dog bis Burger. Bald weiß niemand mehr, wie man Sauerkraut buchstabiert, geschweige denn zubereitet – obwohl den allermeisten noch heute das Wasser im Munde zusammenläuft, wenn sie an Muttis Braten oder den leckeren Grünkohl denken. Die deutschen »Krauts« haben sich schon längst zu »Worldwide Burgern« gewandelt.

Dass die vermeintliche Vielfalt eine seltsame Vermischung und eigentlich eine regionale Besonderheit ist, wissen nur die wirklich Weitgereisten. Wie das? Und prompt gibt es wieder eine Gelegenheit, starke Quartett-Karten auf den hölzernen Restauranttisch beim Italiener um die Ecke zu werfen:

Karte 1: In Italien ist Pizza gar kein besonderes Essen oder eine eigenständige Mahlzeit. Auch Nudeln werden nicht, wie bei uns, als Hauptgericht, sondern nur als Vorspeise gegessen.

Karte 2: Glaubt ihr, alle Italiener trinken Rotwein? Quatsch! Im Unterschied zu Deutschland ist Italien eines der wenigen Länder, in denen der Bierkonsum stetig ansteigt! Stich!

Karte 3: Stich! Wusstet ihr, dass der chinesische Biermarkt größer ist als der deutsche? Das beliebteste chinesische Bier heißt Tsingtao und schmeckt leicht und trocken. Es entstammt einer deutschen Kolonie und wird noch heute nach altem Rezept gebraut.

Karte 4: Stich! Von wegen chinesisches Bier! In Shanghai gibt es ein Paulaner Bräuhaus, in dem sich die Schickeria zu sündhaft teurem Bier trifft, das von chinesischen Bedienungen im Dirndl serviert wird. Und im Herbst feiert der standesbewusste Chinese Oktoberfest – im Festzelt neben dem Holiday Inn in Shanghai.

So etwa geht das lustige Status-Quartett beim Stammtisch weltgewandter Alphatiere.

Da weiß dann der eine, wie es ist am anderen Ende der Welt, zum Beispiel in Südafrika. Jaja, der BMW ist dort nicht das Auto der Besserverdienenden oder gar der »Baader-Meinhof-Wagen«, sondern das begehrte Prestigeauto schlechthin. BMW steht für »Black Man's Wish«! In keinem Land der Welt hat BMW einen höheren Marktanteil. Und der andere kontert mit Wissen aus einem anderen Teil der Welt, zum Beispiel aus Russland. Dort nämlich findet die standesgemäße Fortbewegung der oberen Zehntausend nicht auf der Erde, sondern in der Luft statt. In Russland mit dem Flugzeug zu reisen bedeutet, mit der eigenen Maschine zu fliegen! Und der Dritte kennt – und das ist der Clou! – die Business-Etikette in den arabischen Golfstaaten. Abendfüllend kann er nun eine Karte nach der anderen ausspielen. Er spricht über einen Teil der Welt, der in den Köpfen der meisten nur aus zerbombten Autobussen und herzzerreißend klagenden Witwen besteht. Er kennt wunderbare Geheimnisse aus tausendundeiner Nacht, weiß, was es bedeutet, wenn ein Gast in Arabien seine Kaffeetasse dreimal aus dem Handgelenk hin- und herschwenkt. Und was bedeutet es? Dann lacht der Quartett-Sieger und macht eine lange Spannungspause. »Danke«, sagte er, »danke, ich habe genug. Das bedeutet es: Ich möchte keinen Kaffee mehr.«

Und wenn sich dann einer vor Neugier nicht länger halten kann und – demütig die Niederlage eingestehend – bewundernd nachfragt: »Hast du mal am Persischen Golf gelebt?«, dann ist der große Augenblick gekommen, an dem der Showdown im Status-Quartett beginnt. »Persischer Golf?«, fragt der Held mit hochgezogener Augenbraue.

Oder wenn ein Mitspieler vermeintlich Punkte gut-
machen will und prahlerisch in die Runde wirft, er habe
auch schon mal am Persischen Golf Urlaub oder gar Geschäfte gemacht, dann hat der Sheriff der gesellschaftlichen Hackordnung ein leichtes Spiel. »Wusstet ihr«,
kann er dann in aller Seelenruhe sagen, »dass es in einem
Gespräch mit arabischen Geschäftspartnern sofort zum
Abbruch aller Beziehungen kommen kann, wenn man
da vom Persischen Golf redet?« Natürlich wissen das
die anderen nicht. Und dann kann der Statussieger seinen provinziellen Trinkkumpanen mal die große weite
Welt erklären: »Aus arabischer Sicht handelt es sich um
den Arabischen und nicht um den Persischen Golf. Das
Verhältnis zu den iranischen Nachbarn ist ziemlich ge-
spannt, man denke nur an den Iran-Irak-Krieg der achtziger Jahre und die ständigen Konflikte um die Seegren-
zen mit den Vereinigten Arabischen Emiraten ...« Nach
und nach erzählt er dann davon, dass – anders als bei
uns – Frauen auch nach der Heirat ihren Nachnamen
behalten, was in unseren Augen modern klingt. Andererseits kann es einer Geschäftsfrau durchaus passieren,
dass arabische Männer sie nicht grüßen, nicht ins Gespräch einbeziehen, ja schlichtweg ignorieren. Das soll

STATUS-TIPP

Man muss nicht wirklich irgendwo gewesen sein, um
eine Kultur besser zu kennen als andere. Für das Status-
Quartett genügt es, ein gutes Buch zu lesen. Sehr gut geeignet sind Kinder- und Jugendsachbücher, die nicht nur
mit trockenen Fakten, sondern oft auch mit hübschen
Geschichten und vielen kleinen Anekdoten aufwarten,
die man sich leicht merken kann.

dann allerdings keine Beleidigung sein, sondern im Gegenteil der Beweis der Ehrerbietung und des Respekts.

Der wahre Kosmopolit kennt sich nicht nur mit den diversen Kulturen aus. Er hat Wohnungen oder zumindest Freunde mit Gästezimmern in aller Welt und kann deshalb kundig über die Immobilienpreise in den Metropolen fabulieren. Man weiß, welche Anleihen Shanghai in seinen stadtplanerischen Großprojekten zum Beispiel an Weimar nimmt, schließlich sind es Weimarer Architekten unter Leitung des Architekten und Landschaftsgestalters Jens-Christian Wittig, die vor den Toren Shanghais die Anting New Town geplant und entworfen haben. Er bekam den Auftrag, Parks, Straßen, Freizeitanlagen, die städtebauliche Infrastruktur zu gestalten – und zwar im Stile des Prototypen einer deutschen Kleinstadt, Weimars, das für die Chinesen das Aushängeschild Deutschlands ist.

Man kennt die Design-Hotels in aller Welt und hat schon mal im höchsten Hotel der Welt in Dubai auf dem Dach gestanden: Das Burj-Arab-Hotel liegt mitten im Meer auf einer kleinen künstlichen Insel und ist mit 321 Metern die höchste Luxusherberge der Welt. Es ist zudem das einzige Hotel, das mit sieben Sternen ausgezeichnet ist, weswegen man mindestens 800 Euro pro Nacht für eine 170 Quadratmeter große Suite zahlen muss.

Der Weltgewandte besucht natürlich auch die besten Restaurants in den Metropolen – und damit er nicht alles selbst herausfinden muss, hat er im Handgepäck einen der Gourmetführer von Michelin, Aral, Gault Millau oder Feinschmecker stecken. Doch er kennt nicht nur die Metropolen. Nein, der Kosmopolit ist auch den Reizen der Einsamkeit, den Vorzügen der Provinz, wie etwa der Provence, nicht abgeneigt – und punktet so nebenbei in der Tugend *Wissen*. Er war schon in der Schwarzwaldstube in Baiersbronn, wo Harald Wohlfahrt das Salatbouquet ans Rinderfilet setzt, und in Bergisch Gladbach im Vendôme, wo Küchenchef Joachim Wissler den Loup de Mer im Safran-Chorizo-Sud schmort. Er hat allein des in Salzteig gebackenen Rehfilets wegen eine Reise an den Chiemsee zu Küchenchef Heinz Winkler nach Aschau gemacht und im Münchner Tantris die kalorienarme und dafür umso genussvollere Kochkunst von Hans Haas geprüft.

Doch auch der schnöde »Burger« ist salonfähig. Hamburger oder Auster, da verlaufen die Grenzen mittlerweile fließend, genießen lässt sich beides. Wo doch mittlerweile sogar Drei-Sterne-Köche wie der Katalane Ferran Adrià, der nicht nur Paul Bocuse zufolge zu den aufregendsten »Chefs« unserer Tage gehört, den Burger auf der Speisekarte haben! Nach Eröffnung seines Imbisses Fast-Good in Barcelona betreibt der Chefkoch des legendären El Bulli mittlerweile im Norden Madrids eine weitere florierende Dependance gehobenen Fast-Foods. Die mit edelstem Rindfleisch zubereiteten Hamburger heißen »Good-Burguer« oder »Italian-Burguer«, kosten etwa 7,50 Euro und werden mit amerikanischem Ketchup, deutschem Senf oder englischen Soßen gereicht; die Pommes werden in täglich wechselndem Olivenöl frittiert. Wer den Hamburger als Köperfeind verteufelt, macht es keinen Deut besser als der, der im Verzehr einer Auster den Türöffner für bessere Zeiten erblickt. Auf das rechte Maß kommt es an!

Wer genießen kann, der weiß nicht nur, worum es sich bei der französischen Gekrösewurst Andouillette handelt und wo man diese bestmöglich essen sollte, sondern auch, dass es sich beim Bunten Bentheimer Schwein um eine gescheckte schwarz-bunte Landrasse Norddeutschlands handelt, deren artgerechte Aufzucht eine Fleischqualität zulässt, wie sie in der üblichen Massenproduktion schlechthin nicht möglich ist.

Kennerschaft zeichnet sich durch das Bewusstsein für Qualität und Genussfähigkeit aus, begleitet von einer Weltgewandtheit und Unverkrampftheit, die Exotisches und Regionales gleichermaßen schätzt, begleitet von einer Sehnsucht nach dem Natürlichen, dem Unbehandelten und der Demonstration der eigenen Fähigkeit zur Sinnlichkeit.

Der unreflektierte Dogmatismus obliegt hingegen denen, die nicht in der Lage sind, ihre eigenständige Genussfähigkeit zu demonstrieren: die trockenen Wein grundsätzlich für ein Qualitätsmerkmal halten, die ihren Genuss alleine aus der Tatsache ziehen, dass etwas nicht aus Deutschland kommt, die Plastikkorken oder Schraubverschlüsse für ein untrügliches Zeichen schlechter Qualität halten und denen selbst »fleur de sel« als zu profan erscheint, wenn sich mit »Himalaya Salz« würzen lässt. Zeigten Sie dabei doch wenigstes die Leichtigkeit eines Oscar Wilde, der dem Befremden seines Freundes über seine notorische Geldknappheit lediglich lapidar entgegenhielt: »Mit meinem Einkommen kann ich gerade den Bedarf an Austern, Kaviar und Champagner decken, aber schließlich muss ich auch noch meine Wohnung und mein Essen bezahlen!«

McDonald's: Global denken, lokal handeln

Böse Zungen behaupten, die Länder der »Achse des Bösen« hätten sich ihre Nominierung für die Auszeichnung »Weltfrieden-Bedroher« weniger durch ihre terroristischen Aktivitäten verdient als durch ihre beharrliche und engstirnige Weigerung, McDonald's-Filialen zu eröffnen.

Nun, die etwas gewagte These hinkt ein wenig, da es neben Nordkorea, Iran, Irak, Lybien, Syrien und dem amerikanischen Intimfeind Kuba noch eine Vielzahl weitere Länder gibt, in denen der Junk-Food-Weltmarktführer kein Zuhause gefunden hat. In immerhin 62 Ländern hingegen ist das Franchise-Unternehmen McDonald's beheimatet. 62 von 192 anerkannten souveränen Staaten ist eine beeindruckende Zahl.

So konform, wie es die durchgängige Logo-Optik und Produktpalette des Burger-Imperiums vermuten ließen, präsentiert sich das neben Coca-Cola wie kein Zweites für die Vormachtstellung des Westens im globalen Wettbewerb stehende Unternehmen auf der Weltbühne aber nicht. Auch der Branchenprimus ist auf die Rücksichtnahme gegenüber kulturellen Identitäten und lokalen Eigenheiten angewiesen. Die Welt ist bunt und eine Freude für den, der darauf Rücksicht nimmt!

So werden Sie in Indien lange nach einem Big-Mäc, McRib oder Hamburger Royal TS suchen können, es wird Ihnen jedoch der Maharaja Mac ins Auge springen, der mit zwei Chicken-Patties bestückt und unter der Kategorie »no pork, no beef, non-veg« zu finden ist. Auch in China regiert das Hühnchen die Speisekarte, während Sie im Mutterland des Burgers, den USA, vergeblich nach Ihrem McRib mit Barbecuesoße suchen dürften.

Doch die Unterschiede hören nicht auf der Speisekarte auf, sie betreffen ebenso die Organisation der Restaurants, ihre hierarchische Struktur und den Umgang zwischen den Mitarbeitern. Auch die Zielgruppen variieren erheblich; während McDonald's in Taiwan gerne von Akademikern aufgesucht wird und in Hongkong eher wie bei uns den Charakter eines Schnellrestaurants besitzt, wird der Besuch in China noch immer als Statussymbol betrachtet.

Wertvoll: ein Plädoyer in Sachen Heimatkunde

Wer um die Welt jettet, sollte seinen regionalen Bezug nicht verlieren. Und das ist die Karte, mit der man den arabischen Hengst zum Stolpern bringt. Ein schlichter Satz genügt: Solange ich nicht jeden Winkel in meiner Stadt kenne, finde ich es anmaßend, die Welt entdecken zu wollen. Punkt. So was sitzt immer. Ganz schnell kippt das zuvor von weltumspannender Kulturkenntnis geprägte Gespräch zu einem gemeinsam vorgetragenen Plädoyer in Sachen Heimatkunde. Schließlich hat auch die nähere Umgebung viel zu bieten, und die Geschichte der hiesigen Region ist genauso alt wie die vom Rest der Welt. Auch der Herkunftsort ist Teil der globalen Wirklichkeit, und wer hier mit Detailwissen glänzen kann, hat einen starken Trumpf im Ärmel. Wer also nur von New York, Hongkong und Sydney palavern kann und über den Unterschied zwischen Bodensee und Hiddensee allzu lange nachdenken muss, sollte seine schwachen Karten ganz schnell wieder auf die Hand nehmen.

Besonders punktet der Mann von Welt nämlich, wenn er sich trotz seines weiten Horizonts als ganz in der heimischen Gegend verwurzelt zeigt und sich dort engagiert. Heinrich von Pierer zum Beispiel engagiert sich im Stadtrat Erlangens, Rolf Breuer in der Kommunalpolitik im

Wetteraustädtchen Karben vor den Toren Frankfurts.
Und Marketing-Experte Sebastian Turner von der Werbeagentur Scholz & Friends, auf deren Referenzliste das Land Baden-Württemberg steht, hat sich im *Deutschlandradio Kultur* für mehr nationales Selbstbewusstsein ausgesprochen: »Nur wer sich seiner Sache sicher ist, kann auch anderen mit Respekt begegnen.«

Insofern ist es – auch und gerade in der Politik – durchaus von Vorteil, wenn man wagt, mit Trachtenjacke und Seppl-Hut vor großes Publikum zu treten, wie es Ministerpräsident Edmund Stoiber gerne tut. Auch Hamburgs oberstes Haupt Ole von Beust scheut sich nicht, hier und dort ein wenig Hamburger Dialekt, »Missingsch«, eine Mischform aus Hochdeutsch und Platt, zu sprechen.

STATUS-TIPP

Überlegen Sie sich, inwiefern Sie Ihre Heimatliebe demonstrieren können. Werden Sie Mitglied im heimischen Fußball-Club und organisieren Sie die Jugendbetreuung. Gründen Sie ein kleines Heimatmuseum oder geben Sie einen Sammelband mit Lyrik vergessener Heimatdichter heraus.

Heimat ist etwas Subjektives. Eine »Territorium«, das von einzelnen Menschen oder von Gruppen, Stämmen, Völkern oder Nationen als Einheit erlebt wird und zu dem ein Gefühl besonders enger Verbundenheit besteht. Heimat ist im allgemeinen Sprachgebrauch der Ort oder die Region, wo man seine Wurzeln hat, wo man geboren ist. Heimat ist also eng mit der Kindheit verbunden, mit Identität, Mentalität und Weltauffassungen. Schließlich werden in den frühen Lebensjahren Menschen am stärksten geprägt. Umso emotionaler sind die Assoziationen, die mit der Heimat verknüpft sind. Andererseits ist Heimat nicht allein an den Geburtsort geknüpft, sondern kann auch bestimmt sein durch die Herkunft der Eltern und Vorfahren: durch ihre Sprache, Geschichte, Religion sowie Sitten und Brauchtümer. So leben zum Beispiel in Rumanien seit mehr als 200 Jahren Menschen, die sich als »(Banat-)Schwaben« fühlen.

Wer seine Heimat verlassen hat und in der Fremde oder im Exil lebt, empfindet oft »Heimweh«, eine Sehnsucht nach der Heimat. Aber es gibt auch Menschen, die ihre ursprüngliche Heimat nicht vermissen, sondern sich für eine neue »Wahlheimat« entscheiden. Heimat kann auch an eine bestimmte Lebensweise geknüpft sein. Etwa wenn ein exilierter deutscher Schriftsteller erklärt, seine Heimat sei die deutsche Sprache oder die deutsche Literatur. Oder wenn ein Seefahrer sagt: »Meine Heimat ist das Meer«. Auf dieselbe Begriffsbedeutung verweist Ciceros Aphorismus »Ubi bene, ibi patria« – »Wo es schön ist, ist das Vaterland«.

Das deutsche Wort »Heimat« in andere Sprachen zu übersetzen ist nicht ganz einfach. Denn von seiner komplexen Bedeutung gehen dann wichtige Teile verloren. Im Italienischen und Spanischen greift man meist auf den Begriff »patria« (Vaterland) zurück. Im Englischen nähert man sich mit der Wendung »homeland« oder »native land«, auf Französisch kann man »lieu d'origine« sagen oder »pays natal« oder die einfache Wendung »mon pays«. Unsere europäischen Nachbarn haben es aufgrund ihrer Geschichte wohl leichter, ihr Heimatgefühl sprachlich mit einem national begrenzten Territorium zu verknüpfen.

Der Begriff »Heimat« wird bei uns heutzutage fast nur noch mit ironischer Distanz verwendet. Heimatfilme und Heimatromane von Heimatschriftstellern gelten als Trivialunterhaltung, Heimatvereine, Heimatschutz und -pflege als provinziell und altmodisch. Was vielleicht auch damit zu tun hat, dass der moderne flexible Mensch es sich nicht mehr leisten kann, zu große Gefühle an den Landstrich zu hängen, in dem einst seine Wiege stand, wenn es dort keine Arbeit für ihn gibt.

Trotzdem muss bei aller Heimatliebe und Verwurzelung der Blick auch über die Elbe und den Alpenrand reichen. Wenn man vielleicht nicht schon beruflich andernorts zu tun hat, so sollte man wenigstens seine Feriendomizile – ja, Plural! – in aller Welt streuen. Mallorca, St. Moritz, Manhattan, Macao – aber es muss nicht unbedingt alles mit »M« anfangen.

Für die Tugend *Weltoffenheit* reicht – wenn man's richtig anstellt – eventuell auch ein Ferienhaus, aber dann sollte es am richtigen Ort stehen: Sein Ferienhaus hat Textilunternehmer und DBA-Chef Hans Rudolf Wöhrl auf Sri Lanka. Seine Ehefrau Dagmar – studierte Juristin, offizielle »Miss Germany« im Jahr 1977 und heute parlamentarische Staatssekretärin im Wirtschaftsministerium – unterstützt vor Ort, aber auch in Kenia aidskranke Kinder und punktet damit gleich noch in der Kategorie *Gemeinsinn*.

Oder man hat gar kein Ferienhaus und fährt auch gar nicht in ferne Länder. Weltoffenheit kann man nämlich auch durch den selbstverständlichen Umgang mit Menschen zeigen, die nicht weit weg, aber sehr anders leben. Das müssen nicht nur benachteiligte Randgruppen sein. Eine Horizonterweiterung ist es meist schon, einmal in eine Kneipe ans andere Ende der Stadt zu fahren, ein paar Worte mit der Zeitungsverkäuferin am Kiosk zu wechseln oder den Adventsbasar des örtlichen Altenheims zu besuchen. Dabei geht es nicht um ein mitleidiges Helfersyndrom, sondern die Freude am Unbekannten und die dadurch entstehende Inspiration und Weitsicht. Selbst mitten in Deutschland leben die allermeisten ja in völlig homogenen Milieus, in abgeschotteten Parallelgesellschaften aus netten Paaren mit oder ohne Anhang, arbeitswütigen Singles oder ewigen Studenten, Kreativen oder Underdogs.

Nach diesem Ausflug in die Welt der anderen hat man einen völlig neuen Blickwinkel und jede Menge Ideen, wie man die Menschen zusammenbringen und damit auch noch bei der Tugend *Gemeinsinn* punkten kann. Statt Herrn Müller eine Einladung zum Diner zu schicken und stereotyp auf die Gültigkeit auch für die »werte Gattin« zu verweisen, wüsste man, dass er tatsächlich einen Lebensgefährten hat und würde beider Namen auf die Karte schreiben. Oder man bietet auf einer Gala eine Kinderbetreuung an, weil man weiß, dass es Menschen mit Kindern, aber ohne Au-Pair-Mädchen gibt. Man kann seine Webseite »barrierefrei« machen, also für Sehbehinderte gestalten lassen, Audio-Dateien anlegen oder so programmieren, dass die Seiten leicht skalierbar sind. Die Weihnachtskarte ließe sich auch von Blinden lesen, wenn sie nicht nur Schwarz auf Weiß gedruckt wird, sondern in Braille-Schrift. Für einen Vortrag kann man einen Dolmetscher engagieren, der den Text nicht nur ins – sagen wir – Türkische und Italienische, sondern vielleicht auch mal in Gebärdensprache übersetzt. Das kann und sollte man auch tun, selbst wenn man nicht wirklich damit rechnet, dass das jemand brauchen oder verstehen könnte. Es geht um das Signal – und natürlich um Punkte im Status-Quartett.

Weltgewandtheit zeigt aber auch der Medien-Profi. Er ist nur virtuell unterwegs, dafür aber umso gründlicher – schließlich gelangt er mit dem richtigen Programm bis in jedes Wohnzimmer. Und selbst wenn er dabei nicht alle Welt kennen lernt, zumindest kennt ihn alle Welt, was unter Statusgesichtspunkten ähnlich wichtig ist. Natürlich macht es einen Unterschied, ob man wie FDP-Chef Westerwelle in den »Big-Brother«-Container geht, wie Alt-Kanzler Schröder in der »Lindenstraße« auftritt oder wie Ex-BDI-Chef Hans-Olaf Henkel den Dauergast bei Sabine Christiansen gibt.

Wichtig ist dabei in Bezug auf die Tugendkategorie *Weltoffenheit* gar nicht, von vielen Menschen gesehen zu werden. Wichtig ist vielmehr zu wissen, wie es hinter den Kulissen der Mattscheibe zugeht und aussieht. Wer kann schon etwas darüber erzählen, ob »Tagesschau«-Sprecher Marc Bator vor der Sendung nervös ist oder nicht, wie der Wetterbericht hinter Jörg Kachelmann projiziert wird und wieso Gabi Bauer das »ARD-Nachtmagazin« so munter moderiert, obwohl sie als Mutter von zwei kleinen Kindern eigentlich dicke schwarze Ringe unter den Augen haben müsste? Zanken sich Gerd Delling und Günter Netzer ohne Kamera genauso neckisch wie während der Sendung? Kann Johannes B. Kerner eigentlich auch selbst kochen? Die Antwort darauf weiß nicht nur die Redakteurin der *Bild*-Klatschspalte, sondern auch der Kenner der deutschen Medienkultur.

STATUS-TIPP

Schauen Sie »Auslandsjournal« oder »Weltspiegel« und lesen Sie die Reisebeilage in der *Zeit*. Abgesehen davon gibt es eigentlich auf jedem Kanal eine ansprechende Reisesendung und auch das gute alte Radio lohnt sich: Statt das immer selbe Gedudel zu hören, bieten sich auf Autofahrten der Deutschlandfunk oder Deutschlandradio Kultur an. Nicht immer hätte man sich einem Sendethema gewidmet, aber wenn es einem einfach so ins Ohr fällt …

»Ich habe Boden unter den Füßen!« –
Bescheidenheit, die siebte Tugend

Sie ist die reichste Frau Deutschlands. Und zwar weit vor anderen reichen deutschen Frauen wie Madeleine Schickedanz, Gabriele Henkel oder Friede Springer. Ihr Name ist Susanne Klatten. Das klingt so bescheiden, wie sie auch auftritt. Susanne Klatten ist eine geborene Quandt und als solche zusammen mit ihrem vier Jahre jüngeren Bruder Stefan und ihrer Mutter Johanna Quandt Mehrheitsaktionärin bei BMW.

Ihr Anteil von 12,5 Prozent ist etwa 2,8 Milliarden Euro wert. Milliarden! Weitere 1,3 Milliarden dürfte ihr Mehrheitsanteil am Pharma-Unternehmen Altana wert sein. Außerdem gehört den Quandts das amerikanische Unternehmen Datacard, Produzent von Kreditkarten, Ausweisen und Lesegeräten – auch nicht gerade ein stagnierender Markt. Sollten Sie bislang von einem Lotto-Millionengewinn geträumt haben – nun, das sind nun wirklich »Peanuts« gegen solche Reichtümer. Doch damit nicht genug. Denn die genannten Summen beziffern nur das illiquide Vermögen der 42-Jährigen. Obendrein besitzt sie aber noch jede Menge liquides Vermögen, gespeist aus Unternehmensgewinnen der vergangenen Jahre. Presseberichten zufolge hat ihr die Beteiligung an Altana allein im Jahr 2004 etwa 58 Millionen Euro auf ihr Privatkonto gebracht; und BMW zahlte ihr im selben Jahr eine Dividende von etwa 40 Millionen Euro. Allein die Dividende ist zusammen etwa fünfmal so viel Geld wie der größte Lottogewinn, den es in Deutschland bislang gegeben hat: 20 233 178,20 Euro brachten die Gewinnerin aus Baden-Württemberg im April 2004 fast um den Verstand, wie die Lottogesellschaft mitteilte.

Susanne Klatten dürfte dieses einmalige Glücksgefühl häufiger beschleichen: Dividenden werden jährlich gezahlt. Und vielleicht hat sie das viele Geld ja auch um den Verstand gebracht. Jedenfalls fragt man sich, warum eine dermaßen reiche Frau so dermaßen bescheiden lebt. Es wird nämlich Bemerkenswertes über die sieben Milliarden schwere Susanne Klatten berichtet.

Sie hat das Vermögen geerbt. Schon ihr Urgroßvater war Unternehmer. Ihr Vater Herbert Quandt stieg Ende der fünfziger Jahre bei BMW ein, als die Firma kurz vor der Pleite stand. Ihm und seinen Ideen von neuen sportlichen Autos verdankt das Unternehmen seinen Wiederaufstieg in die Spitzenklasse der Automobilhersteller.

Susanne Klatten ist bereits mit dem Bewusstsein, reich zu sein, in einer Villa oberhalb von Bad Homburg aufgewachsen. Die Eltern plagte die Angst vor einer möglichen Entführung, weswegen die beiden Kinder nie zu Fuß von der Schule nach Hause gehen durften, sondern immer von einem Fahrer gebracht und geholt wurden. Nach dem Abitur machte sie, obwohl sie so viel Geld besaß, dass sie nie würde arbeiten müssen, eine Ausbildung zur

Werbekauffrau bei der Agentur Young & Rubicam in Frankfurt. Dann starb unerwartet ihr Vater. Susanne Klatten war erst zwanzig, der Bruder 16 Jahre alt. Zu jung, um direkt in die Fußstapfen des Vaters zu treten, also übernahmen zeitweilig externe Berater die Vermögensverwaltung.

Bei dem finanziellen Polster hätte Susanne Klatten ihr Leben nach Lust und Laune gestalten können. Zwar war Altana damals nur eine kleine Pharmafirma und nicht das florierende DAX-Unternehmen, als das man es heute kennt. Aber auch so musste man sich bei den Quandts keine Sorgen ums Finanzielle machen. Trotzdem: Susanne schwenkte um. Der Vater hatte sich gewünscht, dass sie eines Tages selbst Bilanzen lesen könne, und genau das lernte sie jetzt. Sie studierte Betriebswirtschaft in London und Paris, machte den MBA am International Management Development Institute in Lausanne, der BWL-Kaderschmiede schlechthin, und sammelte damit neben den vorhandenen Statuspunkten in der Tugend *Tradition* auch noch reichlich Punkte in der Tugend *Wissen*.

Als Studentin lernt sie einen jungen Ingenieur kennen, Jan Klatten, den sie einige Zeit später heiratet. Das Paar zieht für ein Jahr nach Boston, wo sich Jan an der Eliteuniversität MIT zu einem Aufbaustudium einschreibt. Nach den Studienaufenthalten in Großbritannien, Frankreich und der Schweiz lebt Susanne nun also in den USA. Die Internationalität bringt ihr auch Punkte in der Tugend *Weltoffenheit*.

Die Klattens haben drei Kinder und damit auch noch gute Karten in der Status-Tugend *Gemeinsinn*, zumal Susanne an der TU München mit ein paar Millionen Euro ein Trainingsprogramm für junge Existenzgründer finanziert, wofür sie mit dem Ehrentitel »Senatorin« ausgezeichnet wird. Sie spendete Geld für die Münchner Pinakothek der Moderne und sorgte auch dafür, dass die Herbert-Quandt-Stiftung aus der Unternehmenskasse von Altana vier Millionen Euro erhielt. Mit dem Geld sollten nicht nur Wissenschaft und Forschung, sondern auch ehrenamtliches Engagement einzelner Bürger gefördert werden.

Dass sie auch noch attraktiv ist und damit in der Tugend *Dynamik* mithalten kann, braucht bei alledem kaum noch erwähnt zu werden. Das Blatt der Susanne Klatten im Status-Quartett ist wahrlich gut. Mit solchen Karten kann sie kaum verlieren. Aber die Multimilliardärin setzt dem Ganzen noch ein Krönchen auf und zieht auch in der letzten Kategorie noch eine Trumpfkarte aus dem Ärmel:

Susanne Klatten ist bescheiden. Der Prunk und Protz des Jet-Sets interessieren sie nicht. Weder lässt sie sich auf einer Segelyacht vor Monaco blicken, noch taucht sie im Abendkleid auf irgendwelchen Galas auf. Sie lädt keine Journalisten für eine Homestory ein, sie gibt keine Pressekonferenzen anlässlich der Geburt ihrer Kinder. Sie meidet alles, was die Regenbogenpresse liebt, und stellt weder ihren Reichtum noch sich selbst zur Schau. Ihre Kleidung ist vornehm, sportlich-elegant würde man sagen, unauffällig. Sie trägt außer dezenten Ohrclips und ihrem Ehering keinen Schmuck. Und nicht nur das:

In allen Porträts über sie wird die Geschichte erzählt, wie sie als junge Studentin ausgerechnet bei BMW in Regensburg ein Praktikum machte. Man kann sich vorstellen, wie die Kollegen auf eine »Quandt« reagiert hätten. Also trat Susanne unter einem Pseudonym ihren Job an und nannte sich »Susanne Kant«. Niemand wusste von ihrer wahren Identität, selbst der junge Ingenieur Stefan Klatten nicht, den sie dort in der Betriebskantine kennen lernte. Erst nach neun Monaten verriet sie ihrem zukünftigen Ehemann, wem er sein Herz geschenkt hatte. Ob sie den falschen Namen »Kant« in Erinnerung an den Philosophen Immanuel Kant ausgewählt hat, weiß man nicht. Aber es würde passen. Schließlich war der Königsberger Philosoph bekannt für seine bescheidene, ja fast asketische Lebensweise.

STATUS-TIPP

Passen Sie auf, dass Sie beim Versuch, Ihren Erfolg durch Luxus zur Schau zu stellen, nicht zu sehr protzen. Understatement kann wertvoller sein, allerdings nur, wenn er als solcher erkannt wird – eine schwierige Gratwanderung, die viel Übung erfordert.

Dass Understatement, also die bewusste Untertreibung, in Hamburg besser ankommt als anderswo und fast schon zum guten Ton gehört, ist bekannt. Überhaupt lässt sich für Norddeutschland ein Hang zur Zurückhaltung und Bescheidenheit feststellen, wie er in anderen Regionen unseres Landes unüblich ist. Der Habitus von Menschen scheint also offensichtlich auch geographischen Kriterien zu folgen und dabei recht stabil zu sein. Und so beweist der kluge Aphorismus Adolph Freiherr Knigges auch heute noch seine Gültigkeit: »Die zuvorkommende Höflichkeit und Geschmeidigkeit des durch französische Nachbarschaft polierten Rheinländers würde man in manchen Städten von Niedersachsen für Zudringlichkeit, für Niederträchtigkeit halten.« Und wo würden wir diesen polierten Rheinländer heute eher beheimatet wissen als in Düsseldorf oder besser auf der Königsallee? Während der Hamburger sich in feiner Ironie damit rühmt, drei Farben in der Kleidungswahl zuzulassen – nämlich blau, blau und blau – steht der in kanariengelb getauchte Düsseldorfer Mann von Welt vor Louis Vuitton auf der Kö und fragt seine Angetraute: »Na Schatz, geh'n wir noch mal beim Loui?«

»Ich bin ein unauffälliger Mensch«

Es gibt viele Spitzenverdiener in der deutschen Wirtschaft, die sich durch Bescheidenheit und Zurückhaltung auszeichnen. Heinrich von Pierer zum Beispiel, ehemaliger Chef der Siemens AG, pflegte stets eine Kultur des Understatements. Er residierte zwar in der Münchner Konzernzentrale am Wittelsbacher Platz, aber nur ein kleines unauffälliges Messing-Schild wies darauf hin, wer im ersten Stock das Sagen hatte: »v. Pierer« stand darauf – ohne Doktortitel und hierarchische Bezeichnung. Ebenso spartanisch sein Büro. Seine Brille rahmenlos, sein Auftreten still und zurückhaltend.

»Ich bin ein unauffälliger Mensch«, sagt er von sich selbst. Er sagt nicht »Manager«, »Chef« oder »Aufsichtsratsvorsitzender«. Er sagt Mensch, und unterstreicht damit genau diese Menschlichkeit, um die es in der Tugend *Bescheidenheit* geht. Wer hier punkten will, hat den Boden noch unter den Füßen, weiß, dass er einer unter vielen ist.

Klaus Zumwinkel, der Post-Chef, gibt sich ebenfalls erdverbunden. In seiner Sprache klingt gern mal etwas Dialekt durch, die rheinische Herkunft hat er auch als Chef eines der größten Logistikkonzerne der Welt nicht

vergessen, auch wenn sein Habitus an den kühlen-han-
seatischen Geschäftsmann erinnert: reduzierte Mimik,
kaum Gestik, wenig Worte, aber viel Macht – und viel
Geld. Auch Zumwinkel hat in jungen Jahren geerbt,
brauchte kein Gehalt, um sein Leben zu finanzieren. Sein
Vater hatte in Nordrhein-Westfalen ein großes Handelshaus geführt und hinterließ bei seinem frühen Tod ein
stattliches Vermögen.

So hatte Zumwinkel keine Probleme, den Posten als
Vorstandschef der Versandhauses Quelle gegen den
schlechter bezahlten Job als Vorstand der Deutschen Post
einzutauschen. Ihn reizte die Herausforderung, aus dem
ehemals staatlichen Unternehmen einen wirtschaftlich
florierenden Konzern zu machen. Das ist ihm gelungen.
Trotzdem vermeidet er jedes prahlerische Gehabe und
übt sich in Understatement.

Er trägt eine Uhr, klar, Zeitverschwendung ist ihm genauso zuwider wie jede andere Verschwendung. Es ist
eine schlichte Post-Uhr. Teure Hobbys sind ihm fremd.
In seiner Freizeit geht er wandern und Pilze sammeln.
Seine zwei Kinder hat er kurz gehalten, heißt es, lediglich in ihre Ausbildung habe er investiert. Auf die Frage
eines Journalisten, welchen Traum er sich noch erfüllen
wolle, antwortet er mit stoischer Ausgeglichenheit: »Weiter ein zufriedenes und glückliches Privatleben führen zu
können.«

Eine perfekte Antwort im Status-Quartett. Als die
Zeitschrift *Brigitte* eine der wenigen Frauen in deutschen
Vorstandsetagen, Klaudia Martini, fragte, was ihr nach
drei Jahren in der Opel-Chefetage Luxus bedeute, legte
sie beinahe dieselbe Quartett-Karte wie Zumwinkel auf
den Tisch: »Luxus bedeutet für mich Zeit zu haben, um
Dinge langsamer zu tun.« Im Job und im Privatleben.

Und dann erzählt sie nebenbei, dass sie einen Cashmere-Pullover, den sie schon seit zehn Jahren habe, besonders liebe, und eine kleine Porzellanfigur, die sie während eines Dresden-Besuchs erstanden habe. Reichtümer also, die für den Otto-Normal-Bürger keine sind, und genau das macht diese Statussymbole besonders perfide und wirkungsvoll. Wie wichtig muss man sein, um ungestraft Porzellankitsch feiern zu können? Wie reich, um stolz auf einen zehn Jahre alten Pullover zu verweisen?

STATUS-TIPP

Der Wechsel macht's: Heute hauen Sie im Gourmetlokal das Trinkgeld auf den Kopf; morgen sammeln Sie Bonuspunkte im Supermarkt. Bei beidem sollten Sie Zuschauer haben, sonst haben die Mühen keinen Sinn – und Sie sollten sich überlegen, wie Sie den scheinbaren Widerspruch plausibel und sympathisch auflösen.

Eine ähnliche Klaviatur versucht Klaus Rauscher, Vorstandsvorsitzender von Vattenfall Europe, zu spielen, als er im *Cicero*-Interview im Brustton der Überzeugung »Maß und Mitte« als sein Motto ausgibt. Doch die Melodie kommt nicht ganz so herzergreifend rüber wie gewünscht. Schließlich behauptet er, man müsse ein Gespür für die richtigen Vorstandsgehälter entwickeln, um dann zu konkretisieren: »Ich glaube, dass niemand mehr als eine Million im Jahr sinnvoll ausgeben kann.«

»Eine Million reicht«, macht das Polit-Magazin dann zur schreiend bescheidenen Headline und unterbietet damit das bis dahin geltende Niedrigstgebot von ABB-Chef Jürgen Dormann: »Ich verdiene drei Millionen«, hatte der nämlich wenige Monate zuvor im selben Magazin als Headline verpasst bekommen, nachdem er die Frage nach seinem Verdienst mit »rund drei Millionen Franken« beziffert hatte. Offenbar findet er das wenig genug, um durch Offenlegung seiner Bezüge einer Neiddebatte vorzubeugen. Doch drei oder auch nur eine Million sind für den Durchschnitts-Angestellten durchaus ein Vermögen. Damit auszukommen ist nicht Bescheidenheit, sondern Luxus. Hier haben ein paar Manager vielleicht doch den Boden unter den Füßen verloren, selbst wenn sie meinen, fest darauf zu stehen.

Politiker verdienen weniger, obgleich sie sich wesentlich häufiger für ihre hohen Diäten rechtfertigen müssen. Man kann also verstehen, dass Bundesjustizministerin Brigitte Zypries 2004 eine Offensive startete, dass Vorstände ihre Gehälter offenlegen sollten. Sie begründete diese Forderung mit einer moralischen Verantwortung der Vorstände gegenüber der Allgemeinheit. Die Vorstandsgehälter müssten in Relation zu ihren unternehmerischen Leistungen stehen. Doch welches Verhältnis moralisch noch zu rechtfertigen ist, weiß niemand – und auch nicht, was da überhaupt miteinander ins Verhältnis gebracht werden soll: Umsatz, Gewinn, Kosteneinsparungen, Arbeitsplätze ...

Was jedoch für jedes eigentümergeführte Unternehmen gilt, das sollte auch für die »angestellten Lenker« von Konzernen gelten: Die Erfolgsabhängigkeit des eigenen Salärs! Diese Abhängigkeit gebe es doch, mag so mancher erwidern. Das ist richtig, jedoch nur im »Erfolgsfall«, im Falle des »Misserfolgs« scheint der kausale Zusammenhang zwischen persönlicher Handlung und ihren Konsequenzen urplötzlich nicht mehr zu gelten ...

Insofern spart die Mehrheit der Bestverdiener lieber

doch an Worten und behält ihre »Verdienste« weiter für sich. Solange man den Reichtum nicht zur Schau stellt, wird sich schon niemand daran stören, heißt das Credo. Und da der Habitus oft wichtiger ist als der Kontostand, funktioniert das Spiel sogar. Kaum ein Bürger ahnt, dass der so bescheiden auftretende Zumwinkel ein Vielfaches von dem sich glamourös gebenden Altkanzler Schröder verdient. Und irgendwie könnte man fast auf die Idee kommen, Kanzlerin Angela Merkel bekäme weniger Gehalt als ihr Vorgänger, was in einem geregelten Staat wie unserem wohl kaum der Fall sein kann. Aber in der Statusdisziplin *Bescheidenheit* ist sie ihrem Vorgänger mit Sicherheit haushoch überlegen.

Wer bestimmt eigentlich, was gesellschaftlich inakzeptabel oder wünschenswert ist? Wer legt fest, dieses Verhalten ist vorbildlich und jenes zu verachten? Wer bestimmt das richtige Maß, wer legt die Grenzen fest? Eine Fabel des antiken Dichters Äsop gibt darauf überraschende Antwort:

Löwe, Fuchs und Esel gingen gemeinsam auf die Jagd und erlegten einen Hirschen. Der Löwe trug dem Esel auf, das Wild zu teilen. Dieser machte aus der Beute drei gleiche Teile, worauf der Löwe so wütend wurde, dass er dem Esel das Fell über die Ohren zog. Nun befahl er dem Fuchs, die Einteilung zu übernehmen. Der Fuchs nahm die drei Teile und gab sie dem Löwen. Hocherfreut fragte der Löwe den Fuchs: »Wer hat dich gelehrt, auf diese richtige Art zu teilen?« – »Der Lehrer da mit dem roten Hut«, antwortete der Fuchs mit Blick auf den toten Esel.

Bescheidenheit und Bodenständigkeit hat einer gleich zu seinem Markenzeichen gemacht. Willy Bogner. Der bayerische Modemacher gibt sich betont uneitel, trägt auch im Job eher sportliche als elegante Kleidung. 130

Millionen Euro Umsatz macht sein Unternehmen im Jahr und setzt dabei auf die Zielgruppe »mit Geld, aber ohne Glanz«. Seine Kleidung entspricht dem grundsoliden Upperclass-Schick. Als »radikal normal« bezeichnet Bogner sich und seine Mode. Seine Frau Sonia sagt von sich, sie sei die erste Frau gewesen, die 1972 in München eine Seidenbluse zur Jeans getragen habe. Und das einfarbige Poloshirt zum klassischen Blazer ist für sie immer noch das Ideal weiblicher Lässigkeit.

Was in solchem puritanischen Protestantismus zählt, ist die Leistung, und auf die verweist jemand wie Bogner dann doch wieder ganz gern: In seinem Büro stehen die Lorbeerkränze seines leistungsorientierten Lebens aufgereiht dicht nebeneinander: der Bayerische Filmpreis, das Bundesverdienstkreuz am Bande, ein Stein des Brandenburger Tors, von dem sich Bogner einst spektakulär abseilte, und mittenmang der Bambi.

Selbstverständlich lebt man international, in der Modebranche sowieso. Sonia Bogner ist gebürtige Brasilianerin. Die beiden haben eine Villa in München-Bogenhausen, ein Haus am Tegernsee, eine Finca auf Mallorca und ein Châlet in St. Moritz. Aber auf den Glamourpartys der High-Society sind die beiden nur ausnahmsweise zu treffen. Willy geht allerhöchstens, so wird kolportiert, mit einem Tirolerhütchen ins Bräustüberl am Tegernsee, ansonsten meidet er jegliches Nachtleben. Bei den Modenschauen lassen die beiden gern bayerischen Leberkäs mit Kartoffelsalat reichen, zu Hause gibt's am liebsten brasilianischen Bohneneintopf Feijoda. Auch die Autos sind unauffällig und in Relation zu den Möglichkeiten bescheiden: Sie fährt einen VW Touareg, er einen Mercedes.

Bei Bogner geht es nicht um modischen Hochglanz,

sondern um dauerhafte Qualität. »Unsere Sachen halten länger als eine Saison«, betont der Modemacher und beschreibt seine idealen Kunden als diejenigen, die es nicht nötig haben, nach den aktuellen Trends zu schielen.

»Nicht nötig haben« – das ist das Zauberwort in diesem Kartenset. Wer alles hat, hat gar nichts nötig. Weder Luxus noch Lifestyle – und erst recht keine Statussymbole. Und so werden die Ablehnung von Prestigedenken und der Verzicht auf alle Statussymbole selbst zum Prestigepunkt und Statussymbol. Somit sind die daunengefütterten Bogner-Windjacken, mit denen sich die Schickeria auf Sylt und im Skiparadies gern gegen die Kälte schützt, im Grunde auch nur der bescheidene Ausdruck einer Gesellschaft, die Edleres nicht nötig hat, obwohl sie es sich durchaus leisten könnte.

Bescheidenheit, auch Genügsamkeit, ist eine Verhaltensweise von Menschen, wenig von etwas für sich zu beanspruchen, auch wenn die Möglichkeit der Vorteilnahme bestünde, oder zugunsten anderer auf etwas zu verzichten. Bescheidenheit als Lebensprinzip entsteht häufig aus der Einsicht, dass alles Übermaß im Leben schädlich ist. Gemäß dem altgriechischen Merkspruch: Nichts zu viel.

Psychologen hinterfragen oft die Freiwilligkeit solchen Verzichts und argwöhnen, die Bescheidenheit sei eventuell nur eine in der frühen Kindheit antrainierte Verhaltensweise. Soziologisch gesehen ist eine moderate Ausprägung bescheidenen Verhaltens vorteilhaft für das Funktionieren einer Gruppe. Andererseits ist Bescheidenheit – zumindest kurzfristig – für sozialen sowie beruflichen Erfolg und die Selbstverwirklichung des einzelnen Menschen häufig hinderlich.

Die Bescheidenheit hängt begrifflich eng mit der Mäßigung zusammen, die in der Philosophie und Theologie oft auf die Lust bezogen wurde. Aristoteles findet positive Worte für die Mäßigung in diesem Bereich. Ein Zuviel an Lust wird jedoch genauso abgelehnt wie der vollständige Verzicht auf diese. Das Maßhalten ist hier das Ziel ethischen Verhaltens. So verweist das Maß direkt auf den Kern der aristotelischen Tugendethik, die Mesotes-Lehre.

Mesotes ist Griechisch und bedeutet »Mitte«. Bei Aristoteles bezeichnet es die Stellung einer Tugend zwischen zwei einander entgegengesetzten Untugenden, dem »Zuviel« und dem »Zuwenig«. So steht zwischen Stumpfsinn und Zuchtlosigkeit die Mäßigkeit, zwischen Verschwendung und Geiz die Freigiebigkeit. Doch jeder Mensch muss diese ideale Mitte selbst für sich finden. In jedem Fall ist »gutes Leben« laut Aristoteles eine »mittlere Lebensform«.

Eine metaphysische Form der Bescheidenheit ist die Demut. Sie spielt im jüdischen und christlichen Denken eine besondere Rolle. Im Alten wie im Neuen Testament ist Demut eine wesentliche Eigenschaft des wahren Gläubigen, desjenigen, der mit Gott im Reinen ist. Die Wurzel des verwendeten hebräischen Wortes enthält die Bedeutungen von »sich beugen« oder »herabbeugen«, wobei es ursprünglich nicht die heutige negative Konnotation hatte, die wir heute mit dem »demütigen« verbinden.

Demut wird im Alten Testament dem Hochmut und der Überheblichkeit entgegengesetzt. Für Christen bedeutet Demut gegenüber Gott, ihn anzubeten, ihn zu achten, zu ehren und zu loben, weil man erkennt, dass alles, was man ist und hat, von Gottes Gnade ist.

Für den Philosophen Immanuel Kant ist Demut »nichts anderes als eine Vergleichung seines Wertes mit der moralischen Vollkommenheit.« Der Demütige erkennt und akzeptiert, dass es etwas für ihn Unerreichbares (»Höheres«) gibt.

Bewusste rituelle Ausprägung von Bescheidenheit, Mäßigung und Demut ist die Askese, griechisch »üben, sich befleißigen«. Dabei wird aktiv und ohne Not auf Genuss verzichtet, also Abstinenz betrieben, häufig in Verbindung mit bestimmten geistlichen Übungen wie Beten oder Gesang. Askese ist dabei nicht der Verzicht auf von der Allgemeinheit als überflüssig Entlarvtes, sondern beinhaltet immer den Verzicht auf etwas, das vom sozialen Umfeld als angemessen angesehen wird. Asketisch lebt, wer auf Essen verzichtet (Fasten) oder sexuell enthaltsam ist (Zölibat), wer wie die Karthäuser-Mönche aufs Reden verzichtet (Schweigegebot) oder sich in die bewusst gewählte Heimatlosigkeit begibt wie Wanderprediger.

Askese ist oft mit einer grundsätzlich negativen Sicht auf die Welt, so wie sie ist, und die eigene Person, so wie sie ist, verbunden. Ein solcher Asket beabsichtigt, sich durch seine asketischen Übungen zu bessern und von den Unvollkommenheiten der Welt zu lösen. Andererseits gibt es auch Askese, die der Lebensfreude und dem Genuss zu anderen Zeiten nicht negativ gegenübersteht: In diesem Fall ist die Absicht hinter der Askese, von diesem Genuss nicht abhängig zu werden oder den Genuss nicht zur Selbstverständlichkeit werden zu lassen. Die

Mystikerin Theresa von Ávila hat das verdeutlicht mit: »Wenn Rebhuhn, dann Rebhuhn, wenn Fasten, dann Fasten«.

Eine besondere Zierde:
die Tellerwäscherkarriere

Nicht alle sind im Wohlstand aufgewachsen. Aber auch das kann einen Stich im Quartett ermöglichen: Ja, es gereicht einem erfolgreichen Manager zur Zierde, wenn er eine so genannte Tellerwäscher-Karriere hingelegt hat. Dann kann und sollte er unter Statusgesichtspunkten auf seine proletarischen Wurzeln besonders verweisen. Erben kann schließlich jeder. Aber seinen Reichtum selbst verdienen – das muss man erst mal schaffen! Und wer dann noch, trotz aller Millionen, den Boden unter den Füßen behält, was muss der für ein besonderer Mensch sein. Wie Jürgen Schrempp zum Beispiel:

Der Ex-DaimlerChrysler-Chef, der eine Zeit lang alle Gehaltslisten der Welt anführte, ist aus einfachen Verhältnissen zum Herrscher über das größte Industrie-Imperium Europas aufgestiegen. Zwar hatte seine ruppige, manchmal geradezu ungehobelte Art – er war sogar mal in eine Schlägerei verwickelt – dafür gesorgt, dass er als Rambo der deutschen Wirtschaft tituliert wurde. Dennoch galt er als erfolgreichster Manager der deutschen Nachkriegsgeschichte. Das Bild hat sich etwas gewandelt, und sicher ist Schrempp kein Meister der Bescheidenheit, aber mit seinen bodenständigen Wurzeln hält er nicht lange hinterm Berg.

In der Quarta sei er hängen geblieben, beichtet er grinsend im Interview. Als Rebell muss er mit der mittleren Reife vorzeitig das Gymnasium verlassen und beginnt seine Karriere bei Mercedes als kleiner Lehrling in der Freiburger Niederlassung. Erst mit Verzögerung beginnt nach der Bundeswehrzeit und einem Fachhochschulstudium die atemberaubende Karriere, die ihn von Untertürckheim nach Pretoria und schließlich in Stuttgart an die Spitze des weltumspannenden Automobilkonzerns führt.

Nicht ganz so spektakulär, aber trotzdem ähnlich verlief die Karriere von Herbert Henzler, dem ehemaligen Welt-Chef von McKinsey. Der Mann, der mehrere Jahre lang die europaweiten Geschäfte der renommierten Unternehmensberatung koordinierte und die weltweite Unternehmensführung mitverantwortete, stammt aus einfachen Verhältnissen. Er wuchs im 2000-Seelen-Städtchen Neckarhausen als Sohn von einfachen Industriearbeitern auf, die ihr schmales Gehalt als Feierabendbauern aufbesserten. Wäre alles nach Plan gelaufen, hätte er sich nach acht Jahren Volksschule ebenfalls in ein Leben voller harter körperlicher Arbeit fügen müssen. Doch Herbert hatte Lungentuberkulose und der Arzt riet, der Junge solle einen ruhigeren Job ergreifen. Mit dem Rad fuhr er zur höheren Schule nach Nürtingen und wurde im Dorf gehänselt, als »Herrenbüble, eines mit Krawättle«.

Der Junge wollte Sportjournalist werden, aber als ihm das Arbeitsamt eröffnete, ohne Abitur müsse er zunächst eine Lehre als Setzer machen, sattelte er um und machte eine Lehre als Großhandelskaufmann. Sein Weg führte ihn nach Stuttgart und von dort in die weite Welt. Ein BWL-Fachhochschulstudium in Siegen, dann Aufenthalte in Saarbrücken, München und später sogar Berkeley. Kein vorbestimmter Weg. »Ich habe es immer als Privileg empfunden, studieren zu dürfen«, gesteht der Berater, der es ohne Abitur und ohne MBA bis nach ganz oben gebracht hat. Er kann stolz auf seine Geschichte sein und ist es auch. Sein Buch »Das Auge des Bauern macht die Kühe fett« ist autobiografisch geprägt, obgleich es ein Plädoyer für Verantwortung und echtes Unternehmertum sein soll und auch ist. Die Bodenhaftung gibt dem Überflieger erst den letzten überzeugenden Charme – und als Gegenbeweis aller PISA-Studien, dass der Bildungsgrad der Kinder eben doch nicht nur vom Elternhaus abhängt, gewinnt er auch in der allerletzten Status-Tugend.

Bescheidene Verhältnisse kennt auch E.on-Chef Wulf Bernotat. Sein Studium verdiente er als Taxifahrer und als Kabelträger bei Chris Howlands Fernsehsendung »Musik aus Studio B«. Adidas-Vormann Herbert Hainer musste als Jugendlicher in der elterlichen Metzgerei in Dingolfing mit anpacken. Er bewies dort seine Geschäftstüchtigkeit, indem er die Schweine schon um fünf Uhr morgens kaufte, weil sie vor dem Füttern weniger wogen und damit billiger waren. Siemens-Chef Klaus Kleinfeld verdiente sich als Schüler sein Taschengeld, indem er im Supermarkt die Regale auffüllte, für zwei Mark die Stunde.

Bestseller-Autor und Finanz-Coach Markus Frick, der nach seinen Büchern »Ich mache Sie reich« und »Das Geld liegt auf der Straße« ganze Stadthallen füllt und Tipps gibt, wie man mit Aktien Geld verdient, hat ursprünglich Bäcker gelernt. Auch er schämt sich weder seines Sinsheimer Dialekts noch seiner fehlenden gutbürgerlichen Wurzeln. Er gibt sich als typischer Selfmademan, der sich sein Know-how autodidaktisch beigebracht und seinen Reichtum selbst erarbeitet hat. Stolz bekennt er im SWR-Nachtcafé: »Ich habe mit wenig und mit viel Geld gelebt. Aber ehrlich gesagt: Mit viel Geld lebt es sich bei weitem angenehmer.«

STATUS-TIPP

Freuen Sie sich, wenn Sie wenigstens zeitweilig mal einen »handfesten Job« erledigt haben, sei es auf dem »Bau«, in der Fabrikhalle oder anderswo. Das macht sich in dieser Tugend-Kategorie ausgesprochen gut. Nutzen Sie die »domestizierten Bodenständigkeiten« der Gegenwart: Zapfen Sie beim Vereinsfest im Tennisclub das Bier und grillen Sie die Würstchen. Erzählen Sie dem Taxifahrer ruhig, dass Sie durch den Taxischein Ihr Studium finanziert haben.

In der politischen Gesellschaft ist Bodenständigkeit viel wichtiger als in der Wirtschaft. Schließlich wird man von den Massen gewählt, nicht von den Eliten. Die oberen Zehntausend sind eben nur ein Bruchteil einer demokratischen Gesellschaft, gewählt wird der Kanzler von den Millionen anderen – erst recht, wenn es ein Sozialdemokrat ist.

Gerhard Schröder hat darum gern herausgestellt, dass er der Sohn einer Frau ist, die ihren Lebensunterhalt mit Putzen verdient hat. Realschulabschluss und Abitur in Abendkursen auf dem zweiten Bildungsweg und ein anschließendes Jura-Studium sind in solchem Licht betrachtet eine besondere Leistung: »Ich habe am eigenen Leibe erfahren, was es bedeutet, sich Chancen erkämpfen zu müssen«, sagt er und wirft erhobenen Hauptes eine kaum zu schlagende Quartett-Karte auf den Tisch. Obwohl er als Zigarre rauchender »Genosse der Bosse«, wie man ihn titulierte, durchaus auch die Luxus-Klaviatur zu spielen beliebte, blieb er im Alltag stets auf dem Teppich.

Nach vierzig Jahren Ochsentour durch Partei und politische Ämter lebt er nun mit seiner vierten Frau, deren Tochter aus einer früheren Partnerschaft und einem gemeinsam adoptierten Kind in einem unscheinbaren Reihenendhaus in Hannover. Auch Helmut Schmidt lebte und lebt immer noch in einem bescheidenen Reihenhaus im Hamburger Norden, obgleich er für seine vielen Bücher, Papiere und seinen geliebten Stutzflügel inzwischen ein zweites Haus in der Nachbarschaft gekauft hat. Willy Brandt hatte noch geringere Ansprüche: Während seiner Kanzlerschaft wohnte er nach der Trennung von seiner Frau Ruth in einer Zweizimmer-Dachwohnung auf dem Bonner Vorberg.

Doch nicht nur die sozialdemokratischen Kanzler verzichteten auf prunkvolle Eigenheime. Helmut Kohls Bungalow in Ludwigshafen-Oggersheim ist legendär. Holzvertäfelte Zimmerdecken, tapezierte Schiebetüren zwischen Wohn- und Esszimmer und Bibliothek, eine Tischtennisplatte im Keller – das klingt ebenso durchschnittlich bürgerlich wie Kohls Lieblingsessen »Pfälzer Saumagen«. Dagegen ist Konrad Adenauers typisch deutsches Einfamilienhaus mit Krüppelwalmdach in Rhöndorf geradezu spektakulär: Das Grundstück in Hanglage erlaubt einen Blick über Weinberge bis zum Rhein. Was Adenauer allerdings von den anderen Kanzlern unterscheidet, ist nicht die kleinbürgerliche Abstammung – die hatte er genau wie alle anderen –, sondern das Bedürfnis, sich ein wenig mit großbürgerlichen Attitüden zu schmücken. Insofern kann man bei den Besichtigungen seines damaligen Privatwohnsitzes eine eifrig zusammengetragene Sammlung von gotischen Heiligenskulpturen der Altkölner Schule bewundern.

Bescheidenheit oder fehlender Geschmack?

So zurückhaltend wie die Wohn-, so bescheiden ist auch die Esskultur deutscher Spitzenpolitiker. Pfälzer Saumagen, Currywurst und Kartoffeln mit paniertem Schnitzel stehen ganz oben auf der Hitliste der Lieblingsspeisen. Gute Karten im Status-Quartett? Nun, für Gastronomiekritiker Wolfram Siebeck ist die Vorliebe für Fastfood und Currywurst »und das völkische Bekenntnis zu Bescheidenheit« keine Tugend, sondern die »urdeutsche Lust am Dreckfressen«. Schlechtes Essen hat für den Gourmet seine Ursache nicht in Bescheidenheit, sondern in mangelndem Qualitätsanspruch und fehlendem Geschmack. Ein begabter Küchenchef könne noch aus den schlichtesten Produkten ein gutes Essen herstellen, wettert er gegen die Unsitte, mangelnde Kreativität und fehlende Raffinesse durch die Tugend *Bescheidenheit* kaschieren zu wollen.

Und in der Tat: Es scheint nicht nur Bescheidenheit zu sein, die zum Verzicht auf Leckereien führt. In den VIP-Lounges auf den Flughäfen, wo edle Cocktails und köstliche Snacks kostenlos für die reisende Geschäftswelt bereitstehen, ist eine Süßigkeit der größte Renner: Gummibärchen! Der gestresste Manager, der höchste Ansprüche formuliert, wenn es um das neueste Modell seines Geschäftswagens oder die letzte Version seines Mobiltelefons geht, greift nach einem anstrengenden termingehetzten Arbeitstag in der unbeobachteten Wartezeit am liebsten zu dem bunten Zuckerkram. Etliche Tonnen, wohlgemerkt Tonnen, an Gummibärchen werden jedes Jahr in den 55 Lufthansa-Lounges an die mobile Oberschicht verfüttert.

Lounges sind schick, die Senator-Karte, die den Zugang zu diesen exklusiven Räumen ermöglicht, ein unverzichtbares Statussymbol. Doch drinnen wird aromatisierter Kinderkram gemampft. Das klingt, als hätte Siebeck Recht. Auch wenn einen bisweilen das Gefühl beschleicht, der »frankophile Meister des guten Geschmacks« verarbeite seine Kindheitstraumata seit Jahrzehnten in der Öffentlichkeit, weswegen er sich zu snobistischen Sätzen wie diesen hinreißen lässt: »Schlecht kochen ist keine Kunst, das kann jeder. Aber auch noch stolz darauf sein, das bringen nur deutsche und englische Hausfrauen fertig.«

Insofern sollte man sich also vielleicht doch überlegen, wie man sich bescheiden gibt – damit es einem Experten nicht zu leicht gemacht wird, einem die sicher geglaubten Status-Karten ins Gegenteil zu verkehren.

Die Frage, inwiefern geschmackliche Unreife mit demonstrativer Bescheidenheit überspielt werden soll, muss man sich auch angesichts mancher Krawatte stellen, die sich Top-Manager um den Hals binden. Wendelin Wiedeking, Vorstandsvorsitzender von Porsche, zeigt sich auf offiziellem Pressefoto im bunten Schlips mit Comic-Elefanten. Otto Graf Lambsdorff trägt zwar Einstecktuch und Manschettenknöpfe, aber eine Krawatte mit niedlichen Segelschiffchen und Seetieren.

»Natürlichkeit ist die schwierigste Pose, die man einnehmen kann«, sagte der irische Schriftsteller Oscar Wilde, und man ahnt, dass es mit der Tugend *Bescheidenheit* nicht viel einfacher ist.

Adolph Freiherr Knigge ist zu Unrecht als »pingeliger Benimm-Onkel« in die Geschichte eingegangen. Der Mann war ein kluger Kopf, Schriftsteller und Denker und beschäftigte sich zeit seines Lebens mit Fragen der »Lebensklugheit«, jener philosophisch-pragmatischen Richtung, die zu ergründen versucht, wie es dem Einzelnen bestmöglich gelingen kann, sich selbst und seine Interessen in der Gesellschaft zur Geltung zu bringen. Auch zur Tugend Bescheidenheit wusste er Bemerkenswertes hinzuzufügen: »Rühme aber nicht zu laut Deine glückliche Lage! Krame nicht zu glänzend Deine Pracht, Deinen Reichtum, Deine Talente aus! Die Menschen vertragen selten ein solches Übergewicht ohne Murren und Neid. Lege daher auch keine zu großen Verbindlichkeiten auf! Tue nicht zuviel für Deine Mitmenschen! Sie fliehen den überschwänglichen Wohltäter, wie man einen Gläubiger flieht, den man nie bezahlen kann. Also hüte Dich zu groß zu werden in Deiner Brüder Augen, auch fordert jeder zu viel von Dir, und eine einzige abgeschlagene Wohltat macht tausend wirklich erzeigte in einem Augenblick vergessen.«

Und der spanische Jesuitenpater Balthasar Gracián schreibt im sechsten Aphorismus seines »Handorakels« die angenehme Erscheinung der Bescheidenheit und der formvollendeten Zurückhaltung dem vollendeten Mann zu, dessen Geschmack erhaben, dessen Denken geläutert, dessen Urteil reif und dessen Wille rein geworden ist: »Der vollendete Mann, weise in seinem Reden, klug in seinem Tun, wird zum vertrauten Umgang der gescheiten Leute zugelassen, ja gesucht.« Wohl dem, der eine Statuskarte *Bescheidenheit* dieser Art in seinen Händen hält.

Einer, der die Pose der Bescheidenheit ganz sicher beherrscht, ist ausgerechnet Chef eines Luxuslabels. Werner Baldessarini, ehemals Vorstandsvorsitzender des Modekonzerns Boss, äußert sich in der *Wirtschaftswoche* zum Thema Luxus. Zunächst zieht er die altbekannte Karte, die auch schon Klaus Zumwinkel und Klaudia Martini einsetzten: »Ich trage problemlos seit zehn Jahren den gleichen Trenchcoat.« Doch Baldessarini setzt gekonnt einen obendrauf und nimmt damit lautstarken Kritikern wie Siebeck sogleich den Wind aus den Segeln: Wahrer Luxus sei es, »sich für etwas entscheiden zu dürfen, das man wirklich will«. Baldessarini trägt den Trenchcoat so lange, »weil ich finde, dass er zu mir passt«. Brillant! Wie ein Magier zieht der Modemanager zusammen mit der Bescheidenheitskarte ein starkes Ego-Kaninchen aus dem Hut. Der Mann ist so sehr Alphatier, dass er sich auch bei Statussymbolen nicht an den gesellschaftlichen Normen orientiert, sondern selbst bestimmt, was gut und wertvoll ist. »Wer glaubt, Luxus habe es nötig, dass die anderen ihn auch zur Kenntnis nehmen, irrt sich.« Wahrer Luxus ist ihm eine selbstverständliche und ganz individuelle Lebensqualität.

Und dem Lifestyle-Magazin *fivetonine* erzählt er, wie er das möglich macht: »Wenn ich mit guten Freunden mit unserem Boot im Golf von Fethiye an der türkischen Küste vor Anker liege, fühle ich mich privilegiert. Wir chartern uns keine schnittige Fiberglas-Yacht, sondern ein Gulet – ... ein eher wuchtiger Schoner in der traditionellen Holzbauweise des Landes. Wenn ich hier an Deck stehe, höre ich das Holz ächzen und stöhnen, die Seile knarren. Mir weht der frische Wind um die Nase, die Sonne wärmt wie ein Mantel und der Blick geht bis zum Horizont. Das ist ein Lebensgefühl, als ob sich plötzlich alles in dir und um dich herum dreht.«

Perfekt! So muss Bescheidenheit im Status-Quartett klingen! Hier stimmt jedes Detail: Wind, Sonne, weiter Blick – das kostet kein Geld, denkt man erst arglos. Der Mann weiß die Schätze der Natur zu würdigen. Das Holz ächzt und stöhnt, Seile knarren – auch diese Begeisterung für harmlose Details könnte man sich aus dem Mund eines armen, aber glücklichen Fischers vorstellen. Doch in Wahrheit gibt es hier keinen Charme der Bescheidenheit. Der Kenner durchschaut, dass sich hier kein Not leidender Mann stolz die schönen Seiten seiner spärlichen Welt vor Augen führt. Ein Segler kennt den Unterschied zwischen einer Fiberglas-Yacht und einem Gulet, den uns Baldessarini ganz beiläufig falsch nahe legt.

Denn es ist keineswegs so, dass ein Gulet eine spartanische Angelegenheit ist, die weniger Komfort bietet als eines dieser üblichen weißen High-Tech-Segelboote, wie man sie aus den Yachthäfen kennt. Im Gegenteil: Gulets sind in der Regel mit geräumigen klimatisierten Kabinen mit breiten bequemen Doppelbetten, eigener Duschkabine inklusive Badezimmerheizung ausgestattet. Keine nassen Handtücher, keine feuchten Kleider zwischen winzigen Kojen. Keine beengten Schiffstoiletten, auf denen man mit einer Handpumpe die stinkenden Exkremente aufs offene Meer entleeren muss.

Zudem sind die traditionellen Gulets so groß, dass sie ohne fachkundige Crew gar nicht gesegelt werden können, das heißt man segelt nicht selbst, sondern man wird gesegelt. Zum Personal gehört auch ein Koch, der seine Gäste mit drei Mahlzeiten am Tag verwöhnt. »Auf Wunsch organisiert der Kapitän auch Ausflüge zu den Sehenswürdigkeiten und antiken Stätten in der Nähe der Buchten oder im Landesinnern«, verspricht ein Reiseveranstalter im Angebot seiner ungewöhnlichen Schiffsreise. »Wenn alle Segel gesetzt sind und der Wind sein Lied singt, beginnt es unter dem Klüverturm zu rauschen und zu gurgeln. Ein herrliches Gefühl, unter dem Dom der Segel an Deck zu liegen und über das Meer zu gleiten.« Ach ja, die knarrenden Seile und ächzenden Hölzer mag es geben, aber auch eine hydraulische Ankerwinsch, eine Waschmaschine, Telefon und Fax.

Baldessarini pflegt also eine ganz exklusive Form von Bodenständigkeit. Sein kleiner Kutter ist so bescheiden wie ein Ring, der vor wenigen Jahren von Schmuckherstellern angepriesen wurde: Die versteckten Diamanten waren von außen nicht zu sehen, aber man konnte sie hören, wenn beim leichten Schütteln der Hand die geschliffenen Kostbarkeiten in einem Hohlraum hin und her kullerten.

STATUS-TIPP

Spielen Sie den offensichtlichsten Luxus zu einer bescheidenen Liebhaberei herunter. Polieren Sie liebevoll Ihre superteure Uhr und murmeln Sie dabei etwas wie »Ganz zerkratzt, das olle Ding, aber ich kann mich einfach nicht davon trennen ...« Erzählen Sie dann die rührende Geschichte, wie Sie die Uhr mit Ihrem ersten selbst (und hart) verdienten Geld bei einem seltsamen Kauz in einer fernen Stadt gekauft haben.

Über Schein und Sein –
statt eines Schlussworts

Schon immer konnte man mit ein bisschen Schmu und Chichi, ein bisschen Brief und Siegel den Bettelstab gegen das Königszepter eintauschen.

Ein gewisser Tile Kolup gab sich im 13. Jahrhundert als Kaiser Friedrich II. von Habsburg aus. Kaiser Friedrich II. war eigentlich schon tot, aber in den Städten herrschte der Volksglaube, der geliebte Kaiser werde eines Tages wiederkehren. Als er seine angebliche Identität das erste Mal verkündete, in Köln 1284, wurde Tile Kolup, der eigentlich Dietrich Holzschuh hieß, verlacht, in eine Kloake getaucht und aus der Stadt gejagt.

Doch in Neuss fand der arme Schlucker, der sich mit einem gefälschten Siegel Friedrichs II. eigene Urkunden ausstellte, Menschen, die ihm glaubten. Er hielt dort Hof, empfing hohe Herren, Bischöfe, Fürsten und Legaten, gab Urkunden aus und bestätigte Privilegien. Kurz: Er tat alles, was ein Kaiser so zu tun hatte. Ein Jahr lang dauerte der Zauber. Und Kolup flog vielleicht auch deshalb nicht auf, weil die Neusser ein Interesse daran hatten, die unglaubliche Geschichte zu glauben. Denn der rechtmäßige König Rudolf belagerte die Stadt, und dank Tile Kolups Auftritt hatte man gute Argumente, ihm seine Rechte zu verweigern. Der eigentliche Bettler und vermeintliche Kaiser diente den mittelhessischen Reichsstädten als Faustpfand im Steuerstreit mit dem König.

Erst als dieser beigelegt war und Tile sich nach Wetzlar wagte, wurde er dort von den Bürgern festgesetzt und dem König Rudolf ausgeliefert. Sein Ende war bitter: Am 7. Juli 1285 wurde an ihm das Urteil »Verbrennung auf dem Scheiterhaufen« vollstreckt.

Waren in früheren Zeiten eindeutige Zepter und sichtbar getragene Kronen ausreichend, um sich – wenn auch nur für kurze Zeit – an allen Insignien der Macht zu erfreuen, ist es in unserer Zeit ein relativ kompliziertes Konglomerat aus Accessoires und Verhaltensmustern – und gelegentlich auch offiziellen Dokumenten wie Zeugnissen und anderen Legitimationspapieren, die der gewiefte Status-Quartett-Spieler zur Unterstützung seines Status braucht. Dass manche sogar Urkundenfälschung betreiben, um an »Brief und Siegel« von heute zu kommen, bleibt dabei nicht aus.

Da gab es zum Beispiel den Schwindeljuristen im Landgerichtsbezirk Itzehoe. Ein Hochschulabsolvent hatte sich dort um ein Referendariat beworben, mit der Traumnote »gut«, die nur etwa drei von hundert Jurastudenten schaffen. Das Zeugnis stammte aus Mecklenburg-Vorpommern und war gefälscht. Sechs Monate absolvierte der angebliche Top-Jurist sein Referendariat, ohne dass irgendjemandem die Hochstapelei auffiel. Erst als der Ehrgeizling noch höher hinaus wollte und sich an der Hamburger Uni um eine Assistentenstelle bewarb, flog der Schwindel auf. Denn wieder legte er ein gefälschtes Zeugnis, aber ausgerechnet von der Hamburger Uni vor. Dort war er jedoch völlig unbekannt. Ansonsten war sein Auftreten aber tadellos.

Sehr viel länger blieb ein Friseur unerkannt, der sich als Arzt ausgab. Er hatte aus gesundheitlichen Gründen seinen Friseursalon aufgegeben und eine Ausbildung

220

zum Heilpraktiker gemacht. Die Prüfung bestand er mit Ach und Krach, aber 1979 erhielt er die Genehmigung, eine Praxis zu eröffnen. Zwei Jahre später beantragte der Heilpraktiker die Arztzulassung und legte gefälschte Papiere vor. Die Bürokraten glaubten den Schwindel und erteilten dem Mann die begehrte Approbation. Noch mal zwei Jahre später besorgte sich der falsche Arzt erneut mit gefälschten Papieren die Genehmigung, den Titel »Dottore« zu tragen, was er mit »Dr.« abgekürzt auf seine Geschäftspapiere schrieb.

Er wurde Assistenzarzt an einer oberbayerischen Kurklinik, dann eröffnete er eine Praxis als Kassenarzt, die er 1995 inklusive beachtlichem Patientenstamm wieder verkaufte, um Chefarzt der Kinder-Rehaklinik Samerberg bei Rosenheim zu werden. 1997 eröffnete er die nächste Praxis, diesmal am noblen Tegernsee und ausschließlich für Privatpatienten. Insgesamt soll der gelernte Friseur auf diese Weise einige Millionen Mark verdient haben – auch Kassenhonorare der Kassenärztlichen Vereinigung. Bei Privatpatienten stellte er Honorare bis zu 100 000 Mark in Rechnung.

Wegen seiner dubiosen Behandlungsmethoden geriet er jedoch bei seiner ärztlichen Tätigkeit mehrfach mit dem Gesetz in Konflikt. Doch trotz aller behördlichen Prüfungen brauchte es fast zwanzig Jahre, bis jemand merkte, dass der Mann weder Abitur noch Medizinstudium hatte. Trauriigerweise hatte der Möchtegern-Wunderheiler seinen Patienten ein angeblich selbst entwickeltes Hühnereiweiß-Präparat injiziert, das in Wahrheit auf Kortison basierte. Kortison lässt Entzündungen und Allergien rasch abklingen, darf aber aufgrund der starken Nebenwirkungen nur bei klar definierter Indikation verordnet werden.

Ganz ohne weißen Kittel und falschen Doktortitel kam Stephan B. aus Hagen zum Erfolg. Er machte nach einer Lehre in einem Elektrogeschäft recht schnell Karriere als »Unternehmer«, allerdings ohne jemals wirklich irgendetwas zu unternehmen. Am Ende stand er wegen Betrugs vor Gericht. Aber jahrelang ist ihm niemand auf die Schliche gekommen.

»Er spielt immer den dicken Max, fährt teure Autos, trägt exklusive Anzüge und kann jeden mit Worten um den Finger wickeln«, beschreiben Menschen, die ihn besser kennen, seine Kompetenzen. Auf diese Weise ist es Stephan B. nach Ansicht der Staatsanwaltschaft gelungen, bei durchaus seriösen Banken in Hamburg, München und Liechtenstein Kredite zu erschleichen. Mal nur 22 000 Euro, mal 250 000 Euro und einmal sogar 2,8 Millionen. Dabei besaß er so gut wie nichts, konnte weder Sicherheiten noch seriöse Businesspläne vorlegen und legte außer gefälschten Bilanzen von Scheinunternehmen lediglich ein überzeugendes Auftreten an den Tag.

Stephan B. haute selbst einen PR-Profi übers Ohr, der eigentlich wissen müsste, wie man aus schnödem Sein schönen Schein macht: Moritz Hunzinger. Monatelang ließ er sich von dem bekannten Agenturchef beraten – und lernte dabei vermutlich manchen Selbstdarstellungstrick. Bezahlt hat er wahrscheinlich auch dessen Rechnungen nicht, denn – so hieß die wiederkehrende Schlagzeile über den Hochstapler – »Wenn B. geht, bleiben Schulden«.

Zwischen Prachtbauten und »Peanuts«

Nicht nur Schulden hinterließ Dr. Jürgen Schneider, sondern auch »Prachtbauten« und »Peanuts«. Die Prachtbauten machen heutzutage die Leipziger Innenstadt zur Touristenattraktion. Stadtführungen der besonderen Art wie die »Schneider-tour« durch Leipzigs Innenstadt beweisen, dass ein großer Teil der Leipziger Bevölkerung sogar große Sympathien für den Immobilienbetrüger hegt. Die »Peanuts« wurden 2004 zum Unwort des Jahres erklärt und waren für Deutsche-Bank-Chef Hilmar Kopper und sein Geldinstitut ein größerer Imageschaden, als der finanzielle es schon war.

Nur zur Auffrischung des Gedächtnisses kurz die Vorgeschichte: Jürgen Schneider hatte sich 1981 mit 47 Jahren aus dem väterlichen Baubetrieb gelöst und ein eigenes Bauunternehmen gegründet. Schnell hatte er eine Strategie entwickelt: Teuer kaufen, hochwertig und teuer sanieren, noch teurer verkaufen. Um im Hochpreissegment sein Geld verdienen zu können, brauchte Schneider jedoch Geld, das er nicht besaß. Also bat er die Banken um Kredite. Bei seinem ersten Investment, einem Gründerzeitbau in Baden-Baden, benötigte Schneider 25 Millionen Mark. Da die Geldinstitute jedoch in der Regel nur 60 Prozent eines Immobilienvorhabens finanzieren, änderte er so lange seine Berechnungen und schraubte sie hoch, bis er auf ein Bedarfsvolumen von 42 Millionen kam, um dann tatsächlich einen Kredit über 28 Millionen ausgezahlt zu bekommen. Der Plan klappte und Schneider perfektionierte seine Methode.

Dabei ging er dermaßen dreist und plump vor, dass sich im Nachhinein die Öffentlichkeit wunderte, wieso diese Methode niemandem aufgefallen war: Im Fall der

Frankfurter Zeilgalerie war der Betrug besonders offensichtlich: Bei diesem neuen Schmuckstück im Schneider'schen Investoren-Portfolio gab der Bauherr im Planungsstadium eine viel zu große Nutzfläche an, um höhere Pachteinnahmen vorspiegeln zu können. Die tatsächliche Nutzfläche wuchs so von 9000 Quadratmetern mal eben auf 22 000 Quadratmeter – bei gleichem Baugrund und unveränderter Etagenzahl, wohlgemerkt. Und um kritische Nachfragen nach der späteren Nutzung gar nicht erst aufkommen zu lassen, erfand er auch noch dreißig imaginäre Mieter und legte gefälschte Mietverträge vor.

Bei der Restaurierung des »Bernheimer Palais« in München stockte er das Gebäude auf dem Papier einfach um zwei Etagen auf und erhöhte damit die Nutzfläche um ein paar tausend Quadratmeter. Die Kreditgeber bemerkten den Schwindel nicht, obwohl ihr Büro direkt gegenüber lag. Und beim Kauf des Hotels Fürstenhof in Frankfurt erhielt Schneider von der Deutschen Bank einen Kredit, der höher war als das Gebot, welches das Bankinstitut selbst für den Kauf des Gebäudes abgegeben hatte. Bei der Bank »wusste die eine Hand nicht, was die andere tut«, schrieb Schneider, und genau das nutzte er aus.

Kurzfristig ging die Strategie des Baulöwen auf: Das edel renovierte Hotel Fürstenhof konnte er mit 200 Millionen Mark Gewinn an japanische Investoren verkaufen. Doch der Baulöwe hatte sich mittlerweile in so viele Bauvorhaben mit »korrigierten« Berechnungen und in ein derart kompliziertes Geflecht aus Scheinfirmen verwickelt, dass er sich bald verzettelte. So musste er, um den Banken erfolgreiche Geschäfte vorzutäuschen, immer wieder Firmen gründen, die – in der Regel erneut mit Krediten finanziert – einer seiner anderen Firmen etwas abkauften. Die »Gewinne« demonstrierten den Banken seine Seriosität und die erfolgreiche Strategie.

1994 flog der ganze Schwindel auf. Schneider überwies sich 245 Millionen Mark auf ein Schweizer Konto und verschwand mit seiner Frau, einer Million Mark sowie 20 000 Dollar Bargeld in die USA. Ein Jahr suchte Interpol nach ihm, dann wurde er in Miami gefunden und in Frankfurt vor Gericht gestellt. Vertreter von über fünfzig Banken waren bei dem spektakulären Wirtschaftsprozess als Zeugen geladen.

Schneiders Schulden beliefen sich mittlerweile auf weit über fünf Milliarden Mark. Allein die Deutsche Bank saß auf Forderungen von 1,3 Milliarden Mark. Doch nicht nur die Banken schauten in die Röhre. Unzählige Handwerksbetriebe saßen auf unbezahlten Rechnungen im Gesamtwert von über fünfzig Millionen Mark. Diesen Betrag nannte Kopper in aller Öffentlichkeit »Peanuts« und ging mit dem Ausspruch in die Geschichte der Unworte ein.

Schneider erhielt ein weitaus milderes Urteil als sein mittelalterlicher »Bruder im Geiste« Tile Kolup und kam mit einer Haftstrafe von sechs Jahren und neun Monaten davon. Das Gericht kam zu dem Schluss, dass die Kreditinstitute eine deutliche Mitschuld an dem Desaster trugen. Die Banker hatten den übertriebenen Darstellungen des Angeklagten zu leichtfertig geglaubt, ihn durch ihr Verhalten sogar zu solchen Hochstapeleien ermutigt.

Diese Geschichte hat in jedem Fall eines gezeigt: Schneider operierte zwar durchweg mit gefälschten Zahlen, spiegelte also falsche Tatsachen vor. Aber seine Kredite bekam er nicht allein aufgrund dessen, sondern weil sein

Auftreten so perfekt war und dem Habitus eines erfolgreichen Großunternehmers entsprach. Er hat einerseits betrogen, aber andererseits wollten die Menschen ihm auch glauben und haben sich leichtfertig blenden lassen. Wir wollen hier keinesfalls dafür plädieren, im sozialen Umgang miteinander verbriefte Urkunden, Zeugnisse und so weiter einzufordern – das wäre übertrieben und würde eine Atmosphäre des Misstrauens schaffen. Sobald es aber um Ihr Geld geht, halten wir ein wenig Vorsicht für geboten. Und damit sind nicht nur allein stehende, vermögende Frauen gemeint, die sich vor Heiratsschwindlern hüten sollten.

* * *

Das wichtigste Grundprinzip im Status-Quartett steht also fest: Alle Zeichen der Macht sind nur so wirksam oder gut, wie sie beim Gegenüber oder der Gesellschaft auf fruchtbaren Boden fallen, also verstanden und akzeptiert werden. Das heißt, es kommt weniger darauf an, wie wertvoll, wie wichtig, wie gut irgendein Accessoire ist, mit dem man sich zu schmücken versucht – entscheidend ist, ob das Publikum die Botschaft erkennt. Und das Kniffligste beim Status-Quartett ist, dass sich nicht nur permanent der Zeitgeist ändert und Dinge oder Gesten heute dieses und morgen jenes bedeuten. Nein, sondern noch viel kniffliger ist, dass auch das Gegenüber eine eigene Meinung hat, die je nach Person also eine andere sein kann. Was dem einen gefällt oder imponiert, muss den anderen noch lange nicht beeindrucken. Es geht hier also immer um Interpretationen von Individuen – und die lassen sich nicht über einen Kamm scheren.

Außerdem muss die »Zielgruppe« – also die Mitspieler im Status-Quartett – wissen, was wertvoll, wichtig und gut ist. Wer einen Trabi nicht von einem Golf unterscheiden kann, lässt sich nicht unbedingt von einem Ferrari beeindrucken. Wer also im Status-Quartett gewinnen will, muss seine Karten einem auf etwa gleichem Niveau spielenden Gegenüber vor die Nase halten. Das Gegenüber muss die Trümpfe verstehen und richtig einordnen können, dabei müssen sie so beeindruckend sein, dass er selbst nur davon träumen kann, jemals diese Karte zu erwerben.

Nach dieser Methode wusste Schneider sämtliche Tugendkarten im Status-Quartett hervorragend zu spielen – und zwar vollkommen zielgruppengerecht. Seinen beruflichen *Erfolg* demonstrierte er durch perfekt gestyltes und glamouröses Auftreten – so wie es die Banker mochten und für glaubwürdig hielten. Seine Investitionspläne waren jedes Mal Hochglanzbroschüren mit ansprechenden Illustrationen – so wie es vielleicht nicht den Experten, aber den halbwissenden Kreditbeauftragten überzeugte. Seine Firmenzentrale hatte er in der prunkvoll restaurierten Villa Andreae in Königstein im Taunus angesiedelt – eine ideale Adresse im Premiumsegment, nämlich genau da, wo die Banker die zukünftigen Käufer für die zu restaurierenden Immobilien vermuteten. Schneider wohnte bei Seinesgleichen, mussten die Banker denken, die vermutlich selbst in weniger noblen Vierteln ihren Wohnsitz angemeldet hatten. Der Neid wandelte sich in Bewunderung. Der Wunsch, an diesem Reichtum teilzuhaben, und die Idee, Partner eines derart erfolgreichen Baumagnaten sein zu können, blendete die sonst so rationalen Finanzmenschen.

Dass die Königsteiner Villa zudem denkmalgeschützt

war, dass Schneider sich immer wieder für kunsthistorisch wertvolle Objekte begeisterte und dass er dabei stets sämtliche Aspekte des Denkmalschutzes geflissentlich würdigte, brachte ihm zudem Statuspunkte in gleich drei Kategorien ein: *Wissen, Tradition* und *Gemeinsinn*. Kunstgeschichte und Denkmalschutz sind für den gemeinen Bankangestellten nämlich nicht gerade selbstverständliche Themen. Hier ist ein normal gebildeter Mensch durch ein wenig aufgeblasenes Fachwissen schnell zu beeindrucken. Gebildet war der Schneider scheinbar, auf jeden Fall gebildeter als seine Zielgruppe.

Der Baulöwe pickte sich stets die teuersten und angesehensten Immobilien in Deutschlands Innenstädten heraus. Das allein verschaffte ihm Respekt und brachte Wertschätzung ob der mutigen Selbstverständlichkeit, mit der er seine Objekte aussuchte. Schließlich musste man die Objekte nicht nur kennen und ihren historischen Wert einschätzen, sondern auch das Engagement aufbringen, sich um solche Kunstschätze zu bemühen. Hier zeigte Schneider eine Form von Männlichkeit, von Mut und Entschlossenheit, wie sie jemanden, der sonst nur nüchtern durchkalkuliert, wie man funktionale Einkaufszentren oder Bürobauten finanzieren kann, schnell beeindruckt.

Obendrein legte Schneider bei seiner Arbeit ein unglaubliches Tempo vor. Kaum hatte er das Geld für das eine Projekt zusammen, startete er schon das nächste. Die *Dynamik* seines Vorgehens überforderte den Baulöwen selbst, aber das wusste ja niemand.

Trotz allem blieb Schneider erreichbar. Er war keineswegs abgehoben. Obwohl er nur mit großen Summen hantierte, strahlte er dennoch eine gewisse *Bescheidenheit* aus. Die Baubranche an sich hat ja ein eher robustes, bodenständiges Image, und das gilt auch für deren Protagonisten bis zum obersten Chef. Aber Schneider hatte obendrein ursprünglich eine handfeste Maurerlehre gemacht. Das machte ihn dem gemeinen Banker wieder sympathisch, brachte den übermächtigen Mann in greifbare Nähe. Doch schon der Doktortitel in Staatsrecht rückte Schneider wieder auf Distanz und bescherte ihm wertvolle Punkte in der Tugend *Wissen*.

Selbst die Tugend *Tradition* wusste Schneider für sich positiv zu besetzen. Zuerst trat er als Sohn eines erfolgreichen Bauunternehmers auf, obgleich sein Vater die Banken angeblich vor ihm warnte, später konnte er auf die lange Liste seiner namhaften Immobilienprojekte verweisen – überzeugende Referenzen, selbst wenn Schneider keine von ihnen jemals wirklich zum Abschluss gebracht hatte.

Nur an *Weltoffenheit* hat es Schneider offensichtlich gefehlt, sonst hätte er sich am Ende nicht ausgerechnet in Miami versteckt. Zwar ist der amerikanische Sonnenstaat eine attraktive Wohngegend, aber als Versteck vor einer international suchenden Polizei nur bedingt tauglich. Hier hat sich Schneider nicht richtig auf seine neue »Zielgruppe«, die international agierenden Strafbehörden, eingestellt. In den USA findet Interpol jede Maus, wenn sie will.

Dafür kann der Immobilien-Schurke jetzt aber mit einer Kenntnis in der Kategorie *Weltoffenheit* punkten wie kaum eine anderer: Die Tuchfühlung mit niedrigen sozialen Milieus im Knast einerseits und den obersten Etagen der High-Society andererseits öffnet Schneider einen ziemlich breiten Horizont. Kein Wunder, dass er aus seiner Geschichte mittlerweile drei Bücher gemacht hat. Die Autorenschaft mitsamt der Verwahrung eines

Exemplars in der Deutschen Bibliothek in Frankfurt am Main gibt erneut Punkte in der Tugend *Wissen*. Als der Möchtegern-Baulöwe nach zwei Dritteln der Haftzeit vorzeitig entlassen wurde, kam ein »Sieger« aus dem Gefängnis. Und dass der gewiefte Gauner es den Schurken in den obersten Finanzetagen gezeigt hatte, brachte ihm erneut ein paar »Räuber-Punkte« in der Tugend *Dynamik*.

Sein »Sieg« hatte jedoch einen faden Beigeschmack. Denn der Umstand, dass so viele kleine Handwerker um ihren Lohn geprellt worden sind, manche Betriebe pleite gegangen oder mit Müh und Not an der Pleite vorbeigeschrammt sind, wurde dem Baulöwen sehr übel genommen. Auch wenn er einen Hilfsfonds zu Gunsten der von der Pleite geschädigten Handwerker gründete und dorthin einen Teil des Gewinns aus seinen Büchern spendete, sein Versagen in der Statuskarte *Gemeinsinn* war zu gravierend, um sich einen Platz auf dem »Status-Podium« zu sichern!

Status-Quartett funktioniert wie die »Reise nach Jerusalem«

Hat man einmal das Prinzip begriffen, kann man so ziemlich jede Statuskampf-Situation überstehen – gesetzt den Fall, man hat sich breit »aufgestellt« und kann dem anderen »auf Augenhöhe« gegenübertreten. Dazu muss man natürlich auf keinen Fall kriminell werden, man braucht nur das gewisse Talent, andere etwas zu blenden. Das heißt: Achten Sie darauf, welches Blatt Ihr Gegenüber auf der Hand hat, und sorgen Sie selbst dafür, dass Sie ein Beweisstück für jede Tugend parat haben! Wer nur in einer Tugend auftrumpfen kann und die Strategien seiner Kontrahenten nicht durchschaut, wird schnell ins Mittelfeld zurückfallen oder zumindest aus seinem aktuellen Umfeld, in dem er vielleicht Fürst sein mag, nicht hinauskommen. Wer in der »ersten Liga« bestehen will, stellt sich ein breites Status-Quartett-Kartenset zusammen, aus dem er nach Belieben verschiedene Karten für jede Situation ziehen kann.

Dass man dabei zum Hochstapler oder zumindest zum Selbstdarsteller wird, scheint fast unvermeidlich. Du kannst nicht *nicht* kommunizieren, sagte der Kommunikationsexperte Paul Watzlawick, und man ist geneigt zu ergänzen: Du kannst nicht *nicht* angeben: Jeder, der versucht, sich in eine gesellschaftliche Gruppe einzufügen, achtet bewusst oder unbewusst auf die Zeichen, die die gesellschaftliche Hierarchie festlegen, und hat ein Gefühl dafür, wo er selbst rangiert. Dass man in dieser Statushierarchie lieber oben ist als unten und sich entsprechend »statusfördernd« verhält, ist sonnenklar – es sei denn, man ist zu schüchtern für diese Welt!

Man mag das Status-Quartett belächeln, unterschätzen sollten wir es nicht, hängt doch unsere gesellschaftliche Reputation in nicht unwesentlichem Maße von dem ab, was wir auf der Hand haben und wie wir unsere Karten auf den Tisch legen.

Das moderne Status-Quartett erinnert verdammt an das Kinderspiel »Reise nach Jerusalem«: Alles rennt hektisch herum, sucht sich einen beliebigen, aber vermeintlich sicheren Platz, immer fehlt ein Stuhl und jede Runde fliegt einer raus. Die Hackordnung in diesem Spiel ist grausam. Die Karten werden bei jeder neuen Runde neu gemischt: Neue Musik, neues Spiel, und alles flitzt wieder los, hektisch auf der Suche nach einem sicheren Platz.

Alle müssen in Bewegung bleiben, keiner darf verschnaufen. Unvermittelt stoppt die Musik. Alles stürzt sich auf die Stühle. Man fährt die Ellbogen aus, schubst und drängelt. Am Ende jeder Runde bleibt einer übrig. Einer steht. Das will niemand sein. Am Ende des Spiels bleibt nur einer übrig. Der thront auf dem letzten Stuhl wie ein König. Das möchte jeder sein.

Jeder muss sich entscheiden, wie viel Anstrengung er aufbringt, um seinen Stuhl zu ergattern, Erwachsene entscheiden sich jeden Tag und in jedem Feld wieder neu. Klar, dass es dabei ganz unterschiedliche Modelle und Prioritäten gibt, zum Beispiel beim Job: Der eine will beruflich zur Avantgarde gehören und Pionier in einem Innovationsberuf sein, für den anderen ist die Branche egal, solange er ordentlich Kohle scheffelt. Ein wieder anderer fühlt sich nur dann erfolgreich, wenn er es bis in die Geschäftsführung schafft, und dann gibt es ja noch die Idealisten, die sich über die Erfüllung im Job definieren und dafür schlechte Gehälter in Kauf nehmen. So selbstbestimmt und individuell all diese Entscheidungen sein mögen, so sehr stehen sie mit Status in Verbindung – individuell und gesellschaftlich.

Steht im Kinderspiel am Ende ein Sieger fest, so ist der errungene »Thron« im wahren Leben weit weniger unangefochten und endgültig als gewünscht. Denn die, die um uns herumstehen, sägen bereits an unserem bequemen Untersatz, wenn wir unseren Triumph allzu demonstrativ genießen. Gegen diesen Umstand gilt es sich zu wappnen!

Der eitle Pfau und das neidische Federvieh

Es gibt nicht *den* wahren Weg, nicht das einzig immergültige Patentrezept. Mit welchen Inhalten Sie die sieben Status-Tugenden füllen, das bleibt Ihnen überlassen. Aber es gibt *eine* richtungweisende Strategie, seine Karten auszuspielen.

Und was läge näher, als diese Strategie an einem Sinnbild zu verdeutlichen, unsere »Zeichen der Macht« mit einer kurzen Geschichte über die Selbstdarstellung zu beenden? Die Protagonisten der Fabel sind ein schöner Pfau, die neiderfüllte Krähe und der kluge Fuchs. Sie stammt aus der Feder des Jesuitenpaters Balthasar Gracian und wurde in seinem 1646 erschienenen Buch »Der kluge Weltmann« erstmals veröffentlicht.

Jeder Kartenspieler, der seine Karten aufnimmt, fächert diese auf, um sich einen Überblick über seine Möglichkeiten zu verschaffen. Genauso macht es der Pfau: Er fächert sein Federkleid auf, um sich selbst und andere von seiner einmaligen Schönheit und seiner Stellung unter den Tieren zu überzeugen. Doch allzu große Pracht ruft nicht nur Bewunderer auf den Plan, sondern ebenso leidenschaftliche Neider, die danach trachten, uns vom Thron zu stoßen und unseren Glanz zu nehmen. Und so zogen Krähe, Rabe und Elster aus, um dem Pfau im Namen aller anderen geflügelten Wesen Einhalt zu gebieten. Er solle seine affektierte Zuschaustellung unterlassen und sich ein Beispiel am Phoenix nehmen, dessen Gefieder nicht nur das Schönere sei, sondern dessen würdevolle Zurückgezogenheit und Diskretion ihn vor der schändlichen Anmaßung schütze: »*Die Wirklichkeit genügt sich selbst, sie braucht nicht den Beifall der durch Äußerlichkeiten Verführten.*«

Der Pfau reagierte umgehend auf die an ihn gerichtete Anklage, indem er seine Kläger der Naivität bezichtigte. Eine Wirklichkeit, die sich selbst genüge, die sich nicht offenbare, was solle die wert sein? Er fragte Krähe, Elster und Raben, ob sie tatsächlich seine Selbstdarstellung kritisieren oder ob womöglich doch der bloße Neid auf seine Schönheit sie zu ihren Unverschämtheiten animiert hätte:

»Etwas zu wissen und es zu zeigen ist doppeltes Wissen. Was nützt eine an sich hervorragende Sache, wenn sie nicht danach aussieht? Wenn die aufgehende Sonne nicht eine hell leuchtende Parade ihrer Strahlen abhielte, wenn die Rose inmitten der Blumen immer in ihrer Knospe eingeschlossen bliebe und nicht jenes duftende Rad roter Blütenblätter entfalte, wenn der Diamant nicht mit der Hilfe der Kunst sein Feuer, sein Aussehen und seine Reflexe änderte, wozu wären so viel Licht, so viel Kostbarkeit und Schönheit gut, wenn nicht Selbstdarstellung sie hervorhöbe?«

Wie zum demonstrativen Beweis seiner Ausführungen entfaltete der Pfau sein rundes Federkleid. Der Bogen war im wahrsten Sinne des Wortes überspannt, sodass sich seine Kläger unter wütendem Gekrächze auf ihn stürzten. Aufgeschreckt durch das Schlachtgeheul kam die ganze Tierwelt am Hofe des Pfaus zusammen. Nach kurzer Beratung einigten sich die streitenden Parteien, sich dem unabhängigen und klugen Urteil des für seine Weisheit bekannten Fuchses zu unterwerfen und ihren Streit beizulegen.

Dieser begann seine Urteilsbegründung: »Ein politischer Streit ist es, ob die Wirklichkeit oder die Erscheinung wichtiger sei. Es gibt ihrem Wesen nach sehr bedeutende Dinge, die nicht so aussehen, und umgekehrt andere, die unbedeutend sind und doch groß erscheinen – das übliche Missverhältnis: So viel vermag Selbstdarstellung oder ihr Fehlen. Vieles ergänzt sie und vieles füllt sie auf, und wenn sie schon im Materiellen aufwertet, wie wird es erst bei wirklichen Charaktereigenschaften sein?«

Auf die Frage »Sein oder Schein?« sei ohnehin keine befriedigende Antwort zu erwarten, so der Fuchs, vielmehr gehe es um die Beantwortung der Frage »Wie bringe ich mein Sein zur Geltung?«. Selbstdarstellung gebe den eigenen Tugenden erst ihren wahren Glanz. »Und hier komme ich zu unserem Fall, ich sage, und ich empfinde es so, dass es eine unmögliche Zumutung wäre, dem Pfau die Schönheit zuzugestehen und (gleichzeitig) ihre Darstellung zu verweigern.«

Der Schein ist ebenso wichtig wie das Sein, heißt die Maxime, manchmal mehr, manchmal weniger! Daran sollten wir denken, wenn wir wieder einmal allzu schnell auf die Kanonenkugel des Barons Münchhausen aufspringen, denn Selbstdarstellung ganz ohne wirkliche Verdienste ist gefährlich: Wer zu hoch pokert, der erntet keinen Beifall, sondern im besten Fall mitleidige Blicke …

Die bestmögliche Demonstration der eigenen Stärken ist das gekonnte »Understatement«. Dabei gilt es die eigenen Trümpfe so zu verstecken, dass sie die Neugier der anderen reizen. Es ist nicht nur angeberisch, sondern auch strategisch unklug, sich auf einen Schlag zu offenbaren und alle Karten auf den Tisch zu legen nach dem Motto »Meine Yacht, mein Haus, mein Auto …«. Sympathischer und nachhaltiger agiert, wer langsam und behutsam die eigene Tugendhaftigkeit betont. Kleine Happen werden besser vertragen und machen Lust auf mehr!

Und so kommt der richtende Fuchs am Ende seiner Begründung zu folgendem – von der Tierwelt mit Beifall bedachten – Urteil: »Praktischer wird das folgende Mittel sein, ebenso leicht wie wirksam: dass dem Pfau ernstlich aufgetragen und unter Strafandrohung auferlegt werde, dass er jedes Mal, wenn er die Vielfalt seines Glanzes im Wind entfaltet, den Blick auf die Hässlichkeit seiner Füße zu richten habe, sodass das Aufrichten der Federn und das Senken der Augen in eins gehen – ich garantiere, dass dies allein genügen wird, um seine Selbstdarstellung einzuschränken.«

Danksagung

Viele Menschen haben zum Entstehen unseres Buches beigetragen; ihnen wollen wir danken. Manche haben sich die Zeit genommen, mit uns zu sprechen, ihre Erfahrungen mit uns zu teilen und uns sogar in ihre Statusgeheimnisse einzuweihen, den folgenden Menschen gilt daher unser besonderer Dank:

Unseren Eltern, unseren Geschwistern, Yvonne, Florence und Nelly, Alf und Ellen Bischge, Sebastian Czinczoll, Christine Graebe, Christian Gruhn, Hergen Haas, Alexandra Iwan, Thomas Kaiser, Adolph Freiherr Knigge, Philipp und Juliane von Kunhardt, Linn Lühn, Ulrike Meiser, Doris Mendlewitsch, Jens Olrik Murach, Roselyne und Oskar Radon, Conrad und Nina von Rössing, Marcus Schröder, Sam Sepehran, Anke Tempelmann, Tilmann Tobias Uebing und nicht zuletzt unseren Lektorinnen Silvie Horch und Catharina Oerke, die sich durch ihr besonders großes Engagement ein gleichermaßen großes Lob verdient haben.

Networking ist out – dem Clan Value gehört die Zukunft!

Elisabeth Heller · **Clan Value**
So machen Sie aus Ihrer Familie ein Unternehmen
und aus Ihrem Unternehmen eine Familie
Ca. 256 Seiten, zweifarbig · Klappenbroschur · € [D] 16,00
ISBN-10: 3-430-14258-X · ISBN-13: 978-3-430-14258-8

In der Wirtschaft ist heute der Shareholder Value das Maß der Dinge.
Ein Fehler, meint Elisabeth Heller. Ihr Gegenkonzept lautet: Clan Value!
Zusammenhalt, Ehrlichkeit, Familienwerte, Rituale und die Einzigartigkeit des Clans
sind nicht nur wichtig für die Zufriedenheit der Mitarbeiter und Geschäftspartner,
sondern steigern auch den Umsatz. Mit Beispielen aus dem internationalen
Wirtschaftsleben und Ausflügen in die Welt berühmter Sippen wie Bahlsen, Henkel
oder dem Denver Clan zeigt Heller, wie durch den Clan Value Synergien genutzt,
Talente erkannt und Stärken gebündelt werden.

Econ

Frustfaktor Nr. 1

Martin Wehrle · Der Feind in meinem Büro
Die großen und kleinen Irrtümer zwischen Chef und Mitarbeiter
242 Seiten · 13, 5 cm x 21,5 cm · geb. mit Schutzumschlag
€ [D] 19,95 / € [A] 20,60 / sFr. 35, 00

13 ISBN: 978-3-430-19543-0 · 10 ISBN: 978-3-430-19543-8

88 Prozent aller Mitarbeiter sagen, ihr Chef sei schwierig. Dabei wollen Arbeitnehmer und Arbeitgeber oft dasselbe. Aber sie reden aneinander vorbei, denn beide sprechen ihre eigene Sprache. Dieses Buch leistet Pionierarbeit und öffnet den Streitpartnern den Blick für die jeweils andere Seite.
Martin Wehrle, Autor des Longsellers *Geheime Tricks für mehr Gehalt*, kennt die Sichtweisen von Chefs und Mitarbeitern aus seinen zahlreichen Coachings und entschärft den Sprengstoff des Alltags mit pfiffigen Tipps.